我们从孩子的身上看到自己的过去,孩子从我们身上看到他的未來。
我们与我们的孩子都要一起成长,成为更好的人。

绘者简介
Kevin Chiang (小 K)

热爱涂鸦的小孩。最光荣的事迹是在两岁时看到妈妈的第一本书出版时，就在上面涂鸦。他从七个月开始跟着父母各处旅行。

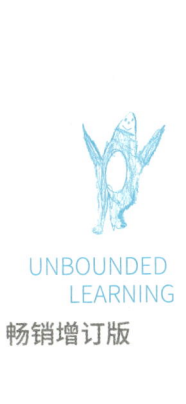

没有边界的教室

UNBOUNDED LEARNING

畅销增订版

沈佳慧 著

北京日报出版社

自序

德国教育不只教孩子读书，更教孩子生活

沈佳慧

小K今年大学毕业，我很开心在他毕业的这一年，《没有边界的教室》的畅销增订版可以付梓出版。

德国教育不仅影响了小K的成长与学习方式，而且促使我对于孩子的教养方式和观念不断进步。

正如出版本书的初衷，我想要将德国教育中好的教养方式，介绍给所有有育儿困惑的父母，让所有的孩子都能够健康快乐地成长，将来成为有用的人。

在德国生活的4年，我和小K有很大的收获。除了更加了解德国的教育方式，我还见证并且学习德国教育中所强调的生活教育的态度。

在东方教育中，主要以成绩为导向，忽略培养孩子的生活技能，因此许多学习成绩好的孩子，不会做饭和洗衣服，不会解决生活中遇到的各种问题。除了读书，似乎不用做其他一切事务，因为担心孩子吃苦或做不好的父母，早已帮孩子做好了。

德国教育者认为，这样的教养方式会剥夺孩子学习的机会及降低孩子学习的积极性，等孩子长大了，父母再怪罪孩子这也不会、那也不行，对孩子大失所望，让孩子陷入挫败感，这不是我们想要的结果，但想要改变已经很难了。所以，德国教育非常注重生活教育。

那么，德国教育者眼中的生活教育是什么样的呢？

所谓生活教育，就是除了教授知识，还能引导孩子学习观察生活中的人、事、物，这些都是老师教导孩子的素材。我深刻地记得，小K从上德国幼儿园开始，每天都有一段时间老师带着孩子到户外散步（除非天气恶劣，否则是风雨无阻的，足球比赛更是如此）。每天半小时到一小时的散步过程中，经过的商店、树林、公园，看到的动物、植物……都是老师的"教学书"，老师的自然教育，教孩子学会各种生活常识和技能。

不仅是学校老师，父母也用同样的模式潜移默化地教导孩子。父母会随时从各个生活事件中引导孩子学习礼仪规范以及自我管理的能力，只要是孩子可以自己做的，父母绝不代劳，只从旁指导和鼓励，如果孩子做得不好，父母便会示范给他看，让孩子再做一次（比如系鞋带、穿衣服、整理玩具或餐盘等）。

而当孩子犯错时，父母和老师都会从中引导孩子，告诉孩子犯错的原因，改正错误而不是只会责骂。

德式教育最大的不同，即在于身体力行，让孩子亲身体验，学习自我判断。无论是生活还是学业，或者是兴趣培养，都是如此，这是父母为孩子将来的独立做的长远准备。孩子总有一天要独自展翅飞翔，父母唯有从小培养孩子丰满的羽翼，将来才能飞得更高。

德国教育不仅是为了让孩子取得优异的成绩，更重要的是让孩子学会挑战自我。当孩子找到自己的兴趣方向，父母或老师会全力地支持和培养，其他事情只要孩子尽力做即可。他们不要求孩子全能，只要完成作业就可以，不求成绩是否名列前茅，书包文具要孩子自己整理，这样才能让孩子知道哪些是自己分内的事。

我也学习德国人的教育方式，小K从上小学开始，我不检查他的作业，因为老师会纠正。我只要看他是否完成作业，是否遇到困难。如果我也遇到困难（当时在德国，我的德语不是很好），我会和小K一起寻找解决方法。

如果小K的成绩不好，我会先问原因，然后希望他下学期取得进步，而不会过度干预。当小K有任何需要我帮助的，他自然会来找我帮忙。

小K申请就读美国大学，无论是学什么专业，还是读哪所学校，我几乎从没有干涉过他的选择。孩子需要我们提出意见的时候，我们会提出一些比较好的建议，但最后还是由小 K 自己决定。

我从德国教育中深深地学习和领悟到：孩子有自己的人生，只要他掌握正确的方向，自己觉得好，就是最好的选择！

其实，在孩子成长的不同阶段，父母要随时调整与孩子相处的方法与态度，更要不断更新自己的想法，才能与孩子保持良好的沟通。此外，更重要的是，父母要多肯定孩子的优点，用赏识的眼光、理性的态度看待孩子的成长，才能让孩子自信地成长，活出属于他们自己的人生。

每个孩子都像一颗种子，这颗种子的未来有无限可能。只要父母用心地浇灌和呵护，一定的时间之后，种子就会发芽、开花、结果，展现出最美的姿态。

2023 年 5 月
于波士顿

前言

旅行，是给孩子最好的教养实践

> 许多人嫁到德国，是因为她们有另一半的协助，所以融入德国当地的社会和体系，比我们容易许多。我们全家都来自中国台湾，一句德文都不会，一切从头开始，简直如拓荒一般艰辛。

到了德国，全家"有口难言"

当我着手开始写这本书，可以说是考验我德语理解能力的一大挑战。

当初，我花了约两年的时间，让小K从德国国际学校转入正统的德系学校就读，他从半句德语都不懂，到可以与同龄的德国小孩坐在同一间教室里学习，这是一段辛苦的训练过程。现在说来也许轻松，但是之前每天都在想该怎样让孩子进入一个更适合他的学习环境，再加上经常有口难言、无处求助的状况，现在想来，很佩服当时的自己。

一位嫁给德国人、在德国居住了将近20年的朋友告诉我："多给自己一点儿时间，你在德国才近两年的时间，等你住到20年的时候，一切都会如鱼得水了！"

没错，时间的确是适应一种新语言、融入一种新环境相当重要的因素，孩子们的学习也是。许多人嫁到德国，是因为她们有另一半的协助，所以融入德国当地的社会和体系，比我们容易许多。我们全家都来自中国台湾，一句德文都不会，一切从头开始，简直如拓荒一般艰辛。

德国教育，本身就是生活教育

在德累斯顿工作的诸多来自中国台湾的员工因为外派，全家人都来到德国，公司自然给予许多生活上的帮助。而我的丈夫则是在英国取得学位后，直接被德国公司聘用，因此，公司除了为住宿和办理长期工作签证的手续提供帮助之外，大多数事情都得靠自己。

正因为都得靠自己，在这边生活要考虑的也就更多，难度更高。尤其是德国的教育体系十分特殊，与我们熟知的体系完全不同，因此在小K的教育上，我们花了许多时间。

我记得小K刚上德语幼儿园时，有一段时间我很怕和他的老师们多说话，因为我说的她不懂，老师们说的我也不懂，所以小K在学校一开始的情况，我一无所知，后来随着我的德文稍稍进步，才渐渐了解他们的教育方式。

德国教育，本身就是生活教育，这是我在德国生活所体会到的。

兴趣和专业，是德国培养人才的重点，而不是要求每个人都要读书，或是认为只有读书才有出息。因为一个社会的中产阶层是支撑整个社会的庞大主轴，而能够读到博士毕业、所谓高学历的人，不过是人口总数中的数万分之几。

因此，德国教育培养人才的重点和方式，是务实的专职教育，重视每个孩子的特质，也就是并非所有的孩子都适合读书，而是培养孩子的独特专长，让他们以后都可以找到适合自己的工作。这就是许多德国的工艺师傅外派到其他国家时，广受肯定与赞赏的原因。

带着最重要的"行李"体验新世界

为了完成这本书，我拜访了一些朋友，小K学校的老师、校长、同学的家长，以及德国教育单位的工作者，期盼除了自己的观察之外，能更广泛、更深入地了解德国的教育，也期盼将来在帮助小K选择专业方向时，为他提供更多的帮助。

在着手写这本书之前，我鼓起勇气，说着不标准的德文，和儿子的老师浅谈了德国的教育；又从德国朋友口中，加上我在德语课学习中的观察，多方面了解德国教育。也许这只是冰山一隅，但已是受益良多。

常有朋友认为，把孩子放到那个环境中，孩子很快就能适应，但是我们往往忽略了孩子本身的适应能力——他能否适应很大的文化差异，或者环境改变的影响。

我发现在小K成长过程中，我们因为学习、工作而搬迁，无形中训练了他对环境的适应能力，对于他很快地融入每个新环境有很大的帮助。

还有一点提高了儿子的适应能力，那就是我们带着小K从小旅行，也可以说他是我们旅行中最重要的一件"行李"。在不断的旅行中，培养了他对环境的适应能力，因此后来从英文环境转换成德文环境时，他能很快地适应。

所以孩子的适应能力是需要培养的，也是可以培养的。

尤其小K并不是一个特别外向的孩子，如果没有经常性的训练，融入新环境会有一定的难度。

在国外，父亲调任到另一个国家或城市工作时，若无特殊原因，通常会带着全家一起去，因此孩子转学不是稀奇的事。这些孩子只要引导得好、培养得好，往往比一直留在本地的孩子适应力更强。

若想未来有竞争力，不仅需要有知识，而且要有能够适应环境的特质，才能在人群中出类拔萃。

期望我们的故事和经验可以给读者一些启发，倒不是鼓励家长们为了孩子刻意迁移（我知道有人一直喜欢这样做，效法孟母三迁），而是希望借助国外的经验，家长们对于孩子的适应力方面，能给予更多的注意和提升训练，而且是符合孩子个性的训练。

当然，在我们旅居的时光里，得到了许多朋友的帮助，无形中拓宽了我们的视野，包括文化视野的广度与深度。

在此我要特别感谢来自马来西亚的好友 Mimi，由于她的帮助，让我在儿子进入小学之初有了一位"专属翻译"，有她作为我和儿子、和师长之间的沟通桥梁，我们才得以度过那段"德语黑暗期"。儿子也因为和她的女儿是同班同学，才不会在一开始的时候，因为对德文缺乏信心而恐惧。说实话，通过这样训练，不仅孩子的适应力迅速提升，我的适应力也快速地提升了！谢谢所有帮助过我们的各国朋友。

目录

1 Chapter 我们全家都是空中飞人

手中握着飞往苏格兰的机票,开始旅欧新生活　003

小K的苏格兰幼儿园历险　008

带着苏格兰腔调到德累斯顿　015

一切就从国际学校重新开始　020

找寻新学校　025

进入德国幼儿园　031

2 Chapter 没有边界的教室

森林里的毕业典礼	040
小 K 的入学通知，入学前都会收到的红单	046
没有成绩单的小学一年级	053
不管是不是第一名，每个人都需要具备生活能力	062
"玩"就是德国小学生的主修课	069
小 K 的留级同学	078
德式教养的自律训练	084
不必自习的读书之夜	091
德国全年无休的公立安亲班	097
每个人都要具备"说故事的能力"	104
训练孩子体能的课外活动	108
中国台湾妈妈的母语教学课	116
德国小孩的福利	121
有一技之长比读大学重要	125
四季音乐会	131

3 Chapter 玩，才是主修课

你没看错，德国的小孩晚上 7 点就睡觉　　　140

最受德国小孩欢迎的传统节日　　　147

带 3 岁的小 K 逛博物馆　　　156

拥有一个"空白"的暑假　　　162

乌尔劳不从小开始　　　169

德国小孩的儿童节目　　　174

训练小狗陪孩子读书——狗狗计划　　　179

孩子的适应力是培养出来的　　　183

中国台湾与德国的教育大不相同　　　189

4 Chapter 关于德式教育，所有父母都想知道的 Q&A

22 个关于德国教养问题的 Q&A，让你的孩子迈向更好的人生　　　196

后记 —— 勇闯天涯第一站，尝试单飞的小 K　　　221

因为丈夫的学习和工作关系，我们从中国台湾飞到苏格兰，再从苏格兰飞到德国，小 K 也因此读过中、英、德三个国家共 6 所幼儿园，以及两所小学。原先我也像大部分父母一样，担心孩子的适应问题，后来却发现——改变环境并不可怕。而且不只我这样认为，小 K 也这样认为。

Chapter 1

我们全家都是空中飞人

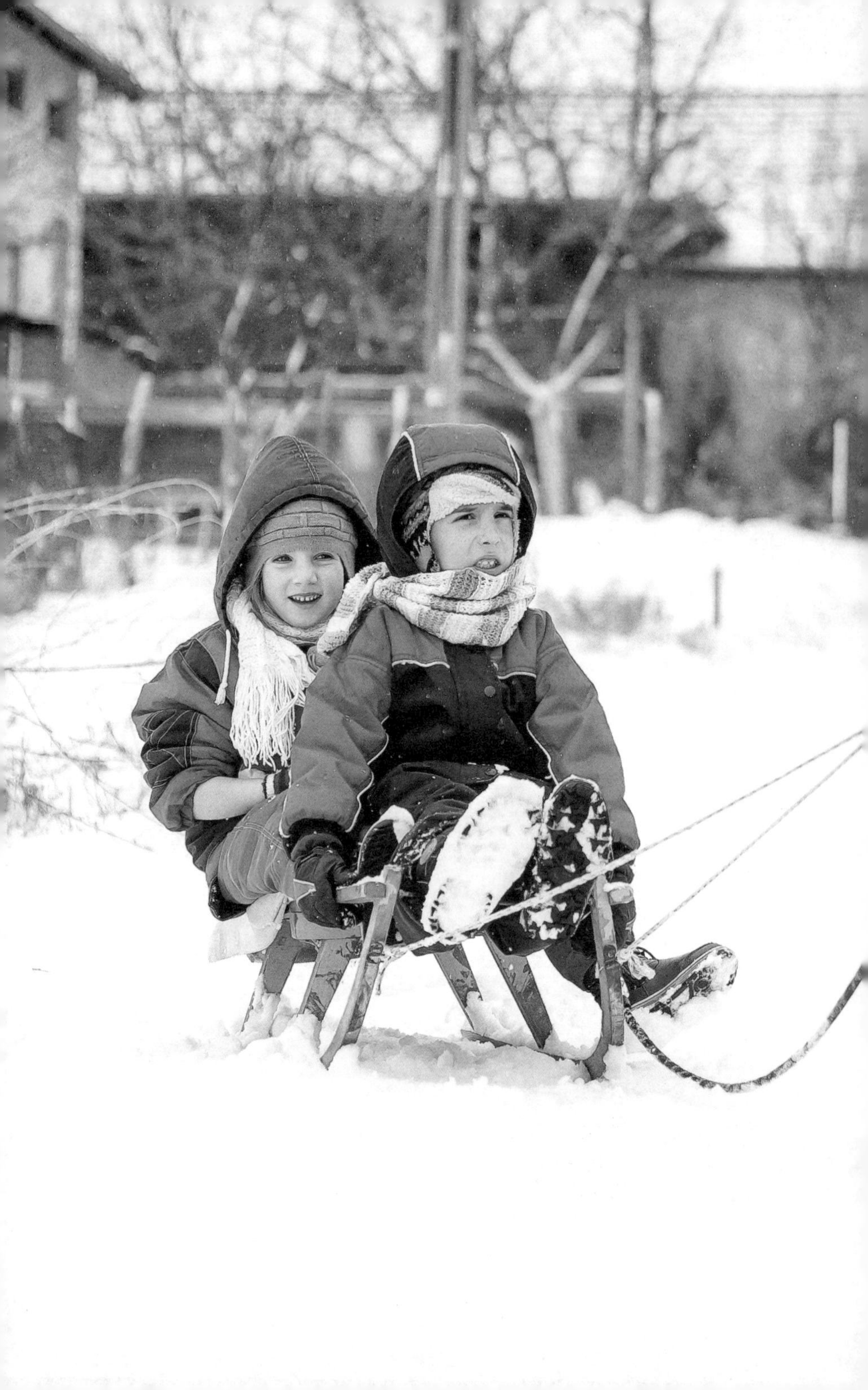

手中握着飞往苏格兰的机票，开始旅欧新生活

> 等到真正住在欧洲之后，我慢慢发现"相爱容易相处难"，在欧洲生活，和想象中是完全不同的，至少浪漫的成分大大减少了。真实地面对欧洲的生活和孩子的教育，与旅行或短暂居留，是完全不同的。

苏格兰，我们来了

2004年仲夏，丈夫辞去了从事近10年的科技公司工作，我们决定到外面的世界走一走。

这早已不是我们列在梦想清单里待完成的事。我们喜欢欧洲，每年都到欧洲旅行，小孩出生后，也带着他在欧洲各地穿梭。

原本以为，移居欧洲一定是老去后的事，等我们赚到足够的钱，等我们把孩子养大以后。我从没想过会辞去原本的工作，丢下家乡的一切，大老远地跑到欧洲居住。虽然这样的决定有些措手不及，连自己都觉得太快，但这不正是我们的决定吗？虽然感到有点梦幻，但既然决定了，就往前走吧！

当我们手中握着飞往苏格兰的机票，真的不敢相信自己就要离开，到另一个地方去生活。

在过往的几年，每一年去欧洲度假我们都怀着无比激动的心情。但是这一次要长期居住，除了如愿以偿的欢欣雀跃之外，其实还有很多担忧。

我们的儿子小 K（Kevin），在 7 个月大之后就加入了我们飞行旅游欧洲的行列，因此他从小就习惯被我们当成"行李"，在任何地方开始他的新生活。对他来说，欧洲是他成长的地方，也是另一个家。

比起旅游，生活不浪漫

曾经有许多人问我，为什么到苏格兰居住？最冠冕堂皇的理由就是，我的丈夫申请了一所学校，要到苏格兰上学，我们全家自然跟着去。其实比较私人的理由就是，我们想去体验一下居住在欧洲的生活。大家都说欧洲太美了，我们每年都去欧洲旅行，却未曾削减再次前往的兴趣，因此萌生了"如果可以居住在欧洲该有多好"的念头。

但是等到真正住在欧洲之后，我慢慢发现"相爱容易相处难"，在欧洲生活，和想象中是完全不同的，至少浪漫的成分大大减少了。真实地面对欧洲的生活和孩子的教育，与旅行或短暂居留，是完全不同的。没有真正体验过，很难了解其难度。

在长居苏格兰之前，我们曾经到苏格兰的首府爱丁堡（Edinburgh）居住并游学了一段时间。

原本以为三四个月的时间很快，一转眼就过去了，没想到却感觉度日如年。大部分的时间我都花在往返超市和做三餐上；我们所租的短期公寓没有网络，电视只有 3 个台可供选择，而且画面还不太清楚；昂贵的物价让我们顾忌消费而陷入"哪儿也去不了"的窘境，因为一出门就感觉"花钱如流水"。

因此，丈夫出门上学后，我和小 K 几乎都待在家里，一起消磨许多无聊的时光。由于我们只停留 3 个月，无法带太多的行李，手边也没有书可以看，这样无聊地度过了一个多月后，我决定送孩子去上学，即使只上一个月也好。

于是我开始打听幼儿园。

小 K 的西方教育启蒙路

因为人生地不熟，我不知该从哪里着手，我们所认识的朋友，99% 都不是中国人。于是我采用"土法炼钢"的方式，一家一家地找、一家一家地看，在我们租赁的公寓附近找。在我寻寻觅觅许久之后，终于发现距离我们居住的公寓大约 5 分钟车程处，有一所公立幼儿园，于是我急忙带儿子去参观，并且询问入学的可能性。

学校的秘书小姐是个典型的苏格兰人，20 多岁，穿着传统，具有苏格兰人的友善，对我这位英文说得乱七八糟、词不达意的家长十分礼貌。她为我介绍并且带领我实地参观了学校，之后便带我到园长办公室，与园长讨论小 K 上学的可能性。

"请问你们是在爱丁堡工作吗？"园长问我。

"不，我丈夫在这里上学。我们预计停留 3 到 6 个月。"

"嗯……"园长停顿了一下，又说，"停留 3 个月以上，可以算是居民了。在爱丁堡，幼儿园（Nursery School）两个半小时是免费的，也就是早上 9 点到 11 点 30 分，你可以把孩子送到学校。如果需要延长照顾到下午，则是按时间计费。"

老师们看起来十分友善，而且也符合我们的要求——离家不远。我和丈夫讨论之后，很快决定把孩子送到幼儿园。

因为从来没有在国外上幼儿园的经验，所以一切的规定和经验对我们来说都十分新鲜。幼儿园的秘书小姐告诉我，不能随便把孩子送到学校就离开，但也不能全程陪在孩子旁边，让孩子产生依赖感而无法融入学校生活。幼儿园规定，每个孩子第一天上学，家长必须在园内另一间备有茶水和杂志的书报室等待一小时，然后自行带回孩子。若是孩子到园的第一天，对于环境适应没太大问题，第二天家长就可以在送孩子到园之后离开，一小时后再来接走。如果这两天都没有问题，没有大哭大闹地吵着找妈妈，就说明孩子基本可以适应，第三天开始就可以等到中午再接回孩子。小 K 通过了前三天的考验，第四天就开始正式上学了。紧接着第二周，就试着让他在学校一直待到下午 3 点。

就这样，在爱丁堡的幼儿园里，我让他从两个半小时，渐渐延长到 6 个小时，大概是从小跟着我们旅行的关系，儿子并没有太害怕新环境，加上老师的耐心，更让小 K 与大家融洽相处。小 K 的英文因为受到老师的启蒙，积累的词汇也渐渐多了起来。

就这样，小 K 缓缓地迈向西方教育的启蒙路程。

小K在爱丁堡的幼儿园

小K妈妈的教养笔记

新环境就是新生活的开始。

进入一个新环境，孩子们需要的不是马上学会语言，也不是立即跟上课程进度，而是需要能耐心引导他的老师，还有陪伴他一起适应新环境的父母。

有了这些，孩子就会相信：环境改变并不可怕。

小 K 的苏格兰幼儿园历险

> 小 K 离开了公园旁的公立幼儿园，转入苏格兰有名的私立贵族学校"汉泉森幼儿园"。这所幼儿园和一般的公立幼儿园不同，除了学费较贵之外，还会帮孩子准备校服。光是校服就花了一笔不小的费用，再加上每个月还得缴比较昂贵的学费，但非常值得的是，换来了老师的专业辅导和耐心陪伴。

教学质量才是选学校的关键

几个月之后，我们离开了爱丁堡，搬到了苏格兰第一大城格拉斯哥（Glasgow）。

在格拉斯哥的生活基本稳定之后，我又开始马不停蹄地为小 K 找学校。

在苏格兰，儿童拥有极好的福利。我的丈夫在当地求学，因此在他求学期间，他被视为当地居民看待，连带我和小 K 都拥有免税、受教育（我可以免费上学校的英文课程），以及保险的福利。

我们租住在格拉斯哥大学附近一栋小房子里，为了不让小 K

的英文荒废太久，一住下来，我便开始在附近为小K找学校。没多久我就在一个小公园附近，找到了一所公立幼儿园。谈了几次之后，园长说很乐意让小K到幼儿园就读，但由于小K的英文不够好，因此他希望每天先上半天课就好（即早上的9点到11点30分）。格拉斯哥人的口音，比爱丁堡的苏格兰腔更为难懂，因此我也觉得从上半天课开始是一件好事。

虽然幼儿园离家近，但没有直达的公交车，我们必须转两趟车才能到达幼儿园。于是，我每天早上9点前送小K到学校，回到家大约10点，11点左右我又得匆匆出门去接他。如此过了3周，我发现小K和以前在爱丁堡的时候不太一样，他似乎不是很开心。

我问他："你喜欢上学吗？学校好玩吗？"

他摇摇头。

"怎么不好玩呢？"

"我只喜欢星期五，因为有个老师会跟我玩。"

为此，我通过深入了解，发现这所学校的老师不太会照顾小K，除了那个星期五来的老师之外。星期五来的老师，是个还在读书的实习老师，她知道小K是新来的小朋友，所以会刻意跟他多说话，并且问他问题，教他一些东西。

小K是个一开始只会站在旁边观察的小孩，需要老师多引导他几次才愿意回应。而除了星期五来的老师，其他老师都是和小K说一两次话，看他没回答，认为他听不懂，就不再和他多说话，所以平常很爱去学校的小K，觉得这所学校一点儿都不好玩！再加上我跟老师说过几次，想让小K学整天的课程，这样可

Chapter 1 | 009

以更快跟上学习进度，但老师都以"小K还没有准备好"而回绝，我便开始着手为他找寻新学校。

　　我这次找的学校离家更近了，就在格拉斯哥大学的旁边，是一所私立幼儿园，收费较为昂贵，上课时间也较短。如果家长有事要让孩子在学校待晚一点儿，则必须额外付费。要进这所幼儿园，还必须先接受测验。这个测验自然也是需要付费的，一次20英镑，时间是45分钟。为了不让小K继续待在那所让他不太快乐的公立幼儿园，我们决定让他尝试测验。

　　这所幼儿园的校长看起来很专业，把小K带到另一个房间里进行测试。我们的心里七上八下，也不知道他们对孩子测试些什么。经过45分钟的等待，小K和校长走出教室，校长很客气地跟我说了他的测试结果："Kevin不错，他能听懂简单的句子，他认识所有的颜色，也认识字母，我相信他可以学得很快。你们希望他什么时候可以开始上学呢？"

　　既然小K通过了测试，当然是越快越好啦。我们最后决定：前三天先上半天，接下来就可以上整天了。就这样，小K离开了公园旁的公立幼儿园，转入苏格兰有名的私立贵族学校"汉泉森幼儿园"。

　　这所幼儿园和一般的公立幼儿园不同，除了学费较贵之外，还会帮孩子准备校服。光是校服就花了一笔不小的费用，再加上每个月还得缴比较昂贵的学费，但非常值得的是，换来了老师的专业辅导和耐心陪伴。

细心的老师能发现孩子的大问题

小 K 进入学校遇到的第一个大问题，就是他不吃午餐。当老师告诉我小 K 不吃午餐的时候，我觉得很不可思议，这个爱吃的小家伙，怎么可能轻易放弃好吃的食物？接着我发现他感冒了，可能是胃口不好，于是让他在家休息一天。一天之后，小 K 恢复上学，却依然不吃午餐，这让我很困扰。

我相信绝对不是他肚子不饿，一定是东西不合口味。我如此猜测着，也和丈夫讨论了一下，都认为他不吃饭是因为这个理由，然后软硬兼施地告诉他一定要吃饭。

因为怕我骂他，小 K 第一天吃了水果。但水果岂能果腹？等他回来我又跟他沟通了一番，让他多吃一点儿。

第二天，小 K 还是没吃饭。我问他："为什么又不吃午餐？"他居然回答我："老师没给我水果。"听到这个理由我很生气，小朋友们在吃午餐的时候他不吃，居然还说老师没给。我再次告诉他，如果他不吃午餐，我会很担心他的身体，让他无论如何一定要吃。

第三天放学时，幼儿园老师 Miss Cooper 很高兴地告诉我，她终于找到小 K 不吃午餐的理由了！她说："今天我担心他又不吃饭，于是从餐厅拿了一些面包和水果，让他在教室旁的小房间吃，他很快就吃光了！我想他是不习惯跟那么多小朋友一起吃饭，所以才不肯吃。"

原来如此。我很惊讶老师能找出他不吃饭的理由，也佩服老师的细心观察。

英国幼儿园的孩子,是和小学部的孩子一起用餐的,而且餐厅就像《哈利·波特》系列电影中 4 个学院聚在一起吃饭的那种大餐厅,很多人一起吃饭,这让小 K 觉得很不安和害怕,所以他坚持不吃饭。后来老师试着拿其他食物给他,他竟然一口气吃个精光!

于是,吃午餐的问题,在老师的留意下顺利地解决了。几周之后,小 K 就愿意和大家一起在餐厅吃饭了。

从孩子的角度看待他的问题

解决了小 K 不吃午餐的问题,我本以为可以高枕无忧,只要给他一些时间就能够适应幼儿园生活。可没过几天,早上小 K 又开始闹脾气,原因是同是台湾来的好朋友 Richard 生病了没来上课。

想想就连我们成人,都有可能因为一时的情绪未得到安抚而不断放大,导致原本愿意做的事,变得不再想做了,更何况是小孩子。连续几天早上,当公交车快到学校的时候,小 K 就开始说头痛或头晕。

"为什么头晕?"我问他,"你感冒了吗?还是不想去学校?"

"不是,是晕车。"

"晕车?好吧,那我们就提前一站下,走走就好了。"我总觉得他不是晕车。

下了车,小 K 问我:"Richard 今天会来吗?"这下他的动机更明显了！原来是担心同伴没来上学。

我不再骂他，跟他说："他今天一定会来，你要等他。"他点点头答应了。

回想他上学的情形，其实在学校也不是一直与 Richard 一起玩，但是，我觉得他寻求的是一种安全感，一种与同伴说同样语言的安全感。

孩子有时需要我们从他的角度思考问题，用"成熟"的方式对待孩子，他们更愿意欣然接受。学校老师告诉我，Richard 没来的那天，小 K 只是哭了一会儿，就和其他小朋友一起玩了。虽然其他的同学来自中国以外的不同国家，但是他也可以渐渐融入。所以，对于小 K 来说，Richard 在与不在，只是有语言隔阂的问题，其他一切都没问题！

小 K 在汉泉森幼儿园待了整整一年的时间，他的英文基础几乎也是在那时奠定的。虽然这所幼儿园的费用不低，但教学质量是值得赞赏的，而且老师们都很有耐心且相当专业，因此除了刚开始的不适应之外，小 K 在这里度过了快乐的时光。除了 Richard 之外，后来又来了一个亚裔血统的尼欧（Neo，妈妈是日本人，爸爸是苏格兰人），他们 3 个人成了很要好的朋友，而这也让我们 3 个妈妈成了好朋友。

回想当时，我几乎是在听不太懂英文的状况之下送儿子去上学的，然后跟着孩子一起成长，老师每天会告诉我小 K 在幼儿园里发生的事和学习情况，我的英文也越来越流利。我们原本以为就这样留在英国，让小 K 继续上小学，但是丈夫收到了一份工作聘书，我们举家又越过英吉利海峡，到德国开始新生活。

格拉斯哥的私立幼儿园

📋 小 K 妈妈的教养笔记

  从旧学校转换到新学校，帮助孩子找到可以一起玩耍的同伴，是十分重要的。除了可以消除孩子对陌生环境的恐惧，在学习上也有正面的帮助。有时候，孩子到一个新环境，会让父母看到孩子在成长过程中的另一面，与孩子一同成长，这也是培养孩子适应力的机会。

带着苏格兰腔调到德累斯顿

> 这 5 年多时间,由于长居国外,不论是学习还是工作,我们已经习惯不同环境的转换。每一次转换,都有全新的体验,连搬家都变得习以为常。

2006 年初秋,丈夫接到新工作聘书,我们收拾了在苏格兰近两年的所有家当,搬到了德国东部。在一个陌生的国家,我们收到了许多朋友的询问:

"为什么搬到东德[①]?"

"为什么不去西德?西德比较发达!"仿佛只有先进的德国西部,才是安家工作的乐土。若以城市发展而言,英国已经够好了,但是英国的物价太高,生活是相当辛苦的。所以,德国对我们而言,哪里都是一样的,一样陌生,一样充满挑战,无论是东德还是西德。

况且,如今已没有东西德之分,只有德国东部或西部,尽

[①] 德国在第二次世界大战后曾被分为东德和西德,当时的德意志民主共和国简称东德,德意志联邦共和国简称西德。

管东、西部的经济状况仍有些差异，然而基本上今日的德国东部，已非昔日。至于为什么我们要搬到德国东部？因为聘用丈夫的公司位于德国东部，我们当然就来啦！

这5年多时间，由于长居国外，不论是学习还是工作，我们已经习惯不同环境的转换。每一次转换，都有全新的体验，连搬家都变得习以为常，所以早就练就了转换环境的"金刚不坏之身"。

远离大都会，落脚德国东部小城

在丈夫接下工作之初，我们就已计划，在工作签证核发下来前，必须先来看看这个素未谋面、将来又与我们息息相关的城市——德累斯顿。对于我们来说，德累斯顿远不及柏林、慕尼黑、法兰克福这些城市耳熟能详，但是对于很多德国人甚至欧洲人来说，这是一个具有历史意义的城市。

来到德国，尤其是在东部，才知道原来英文根本无用武之地，更何况是一口苏格兰腔调的英文！

初至德累斯顿，你会觉得与东欧无异，但建筑的形式、德国东部人的样貌，都与德国西部有很大的不同，而最让我们觉得困难的是，这里会说英文的人，简直屈指可数。我们必须在这个语言不通的城市里生活，并且让我们的孩子在这里接受教育。对于这一切的变化，在我们来之前，已经认真考虑过。在多方评估之下，我们还是决定整理行囊，飞到这个偏远的城市，开始全新的生活。

我想先介绍我们居住的这个城市——德累斯顿。德累斯顿意为河边森林的人们，它是个古老的城市，建城至今已经有800多年的历史，我们抵达的时候，这个城市正在为它的800岁庆生。穿过旧城区的河流，就是发源于捷克山区、东欧源远流长的大河——易北河。因此这个美丽的古城，被誉为"易北河上的佛罗伦萨"。

在居住到这座城市之前，我们对于德累斯顿的印象，只有它位于德国的东部，是德国十大主要城市之一。在第二次世界大战前，这座城市是德国有名的工业城，在德国投降前，被英国盟军炸得很惨，旧城区近乎全毁的状态。我们现在所看到的建筑，大多是战后重建的，加上从前这里是东德，与外界隔绝将近10年，因此在我的脑海中没有太多深刻的印象。

东西德统一之后，德累斯顿迅速重建。地标之一是圣母教堂，在第二次世界大战期间被炸到几乎全毁，如今在原址旁重新盖出了圣母教堂的原貌，加上许多精美的巴洛克风格建筑，德累斯顿被誉为欧洲最美丽的城市之一。此外，在2002年，它是欧洲绿化最好的大城市，有1/3的地区被森林覆盖。

在忙乱之中展开新生活

这么美丽的城市，将成为我们居住的地方，除了语言不太通，其实在生活上是很舒适的。德累斯顿被称为"德国的硅谷"，所以从世界各地到这边工作的人们，也随之不断增加。

在丈夫就职之前，我们趁着暑假拜访了这个城市，留下了深刻的印象，也为我们将长期居住在这里，做了些心理准备。在接到正式聘书之后，我们举家移居到这个城市。

抵达的第一天，丈夫公司的人安排我们在公司的家庭宿舍里住了下来。公司让我们在3个月之内寻找新的住所，因此我们在手忙脚乱、语言不通的情况下，展开了新生活。

德累斯顿算是一个规模大的城市，由于20世纪90年代的合并，使得城市各区的结构和外观有所不同。许多地方还保存着古老的乡村环境，而一些地方则几乎完全是乡村的布置。

我们所居住的区域即是被合并后的德累斯顿外围地区，从前是小镇，现在已纳入德累斯顿的市区范围，这个区域有700年的历史，目前也是德累斯顿科学园区的所在。许多国际性的科技公司皆在此设厂，因此在保守的德累斯顿，这里的居民算是相当国际化的，这里也是英语可通行的地区。

我们的新家虽然地处郊区，但生活设施还算不错，靠近电车站，搭火车、电车都可以直达市区，环境却不嘈杂，也有超市和购物中心，十分方便。四周还有森林围绕，因此我们满怀期待地在这里展开德国的新生活。

小 K 和朋友们在沙滩玩游戏

图片摄影：fish（赵于萱）

小 K 妈妈的教养笔记

居住环境的每一次转换，都锻炼我们与孩子重新开始的适应能力。

新环境也使我们全家人的关系更加亲密。有了适应新环境的各种经验之后，即使出现各种问题，若将其视为一种经验与学习，也能给孩子指引正确的方向，对于将来是有帮助的。

一切就从国际学校重新开始

> 我们让小 K 从小就决定自己的事，自己选择并发表意见，我认为这样可以培养孩子的自主性。

教育衔接，首先要克服语言障碍

到了德国后，除了适应工作和新生活，我们又开始面临为孩子找学校的问题。"去国际学校可以吗？"我问小 K，"还是你想要上普通的德国小学？"到德国之前，我就先提出这个问题，让小 K 说说自己的想法，毕竟是他要读书，他也可以发表自己的意见。

"去国际学校。"虽然儿子年纪小，但我们让小 K 从小就决定自己的事，自己选择并发表意见，我认为这样可以培养孩子的自主性。我相信小 K 也知道，到国际学校是他自己的选择。

到德国生活，其实最让我苦恼的还是孩子的教育。德国的教育体系十分特殊，与我们一般所熟知的美式教育体系大异其趣，与其他欧洲国家如英国、法国等的教育有很大的不同。

我们在英国住了将近两年，对于那里的教育制度比对德国更加了解，大概是因为我们的英文水平比德文好的原因吧。原本我们以为一直会留在英国工作，但计划赶不上变化，又再度漂洋过海，来到德国。

我们当初做这个决定，主要考虑到德国是个工业国家，尤其丈夫所从事的科技制造业，前景看起来比英国好得多，因此，我们放弃了已有工作机会的威尔士，来到德国东部这个很具东欧风格的城市——德累斯顿。

尽管儿子已经适应旅行和转学，然而在他即将进入基础教育的年纪，如果再随意搬迁，不仅对他的语言学习不利，而且对于教育的衔接，也可能会有大问题。因此，我们不得不仔细考虑。还好，初到德国时儿子5岁，还有一年幼儿园的缓冲时间，才进入正式的德国教育，这让我们有了更多适应和准备时间。

英国的教育体系中，大部分地区的小学是从满5岁开始入学，读7年，之后再进入中学，读5年，毕业后参加A-level考试，依成绩申请读大学。所以总共基础教育也是12年。

在德国，小学是满6岁入学，有些孩子甚至7岁才入学，小学上4年。小学毕业后申请上中学，一般中学是8年至9年，依各个州的地方法律而定。小学毕业后，主要是依小学4年的成绩决定进入哪一所中学。总之，德国的升学方式十分复杂，德国人自己也常说："有些时候，连我们自己也搞不清楚！"

从英国搬到德国，我们不需要适应时差，也无须适应昼长夜短、昼短夜长，因为在苏格兰，我们早已习惯夏日到午夜11点还可以瞥见一抹夕阳，以及下午3点多就开始天黑的漫漫冬日。我们最需要适应的就是语言。

由于德累斯顿是前东德的城市，直到两德统一之后，与外界的接触才比较频繁，因此，会说英文的人并不多，只有在特定的区域或年轻人才会说英文。所以，我们让小K进国际学校似乎是最好的选择。在我们商量之后，为了解决小 K 的适应问题，我们决定让他先上国际学校。

所谓国际学校，一开始是设立给驻外人员的孩子们受教育的学校，以英语授课为主，可以从幼儿园一直读到中学毕业，再申请大学。现在也有些有钱的德国人，把自己的孩子送进国际学校提高英文能力。但是国际学校费用之高，几乎媲美在美国上大学，而且随着年级的增加，学费也在不断增加。

好在丈夫的工作单位提供国际学校免 3 年学费的福利。在一句德文都不会讲的情况下，这似乎是我们的最佳选择。于是，在抵达德累斯顿之前，我写信给国际学校的校长，告知他我们会在 8 月底前到达德累斯顿，若是整个行程顺利，小 K 将于 9 月 4 日入学。

练习独立，不畏惧面对新环境

到达德累斯顿的第一天，我就带着小 K 到学校报到。

这是一所外观看起来如童话故事般的学校，古老的彩色建筑十分引人注目。这所小学有两个校区，一个校区就在电车站旁，是小班的幼儿上课的地方。连接两个校区的是一片带有步道的森林，穿越森林，约 5 分钟的路程，就是大孩子们上课和游戏的地方。初次见面时，我对这所国际学校的印象极好，心里也不禁高兴起来，因为小 K 即将在这么美丽的地方学习。

那时小 K 5 岁，在入学之前必须做一个测验，先评估他的成绩如何、英文能力如何，是否可以进入与他年纪相仿的班级上课，还是必须从年纪较小的班级开始学习等。

国际学校幼儿园部的园长，她看到小 K 后，亲切地问候："你好呀，你叫什么名字呢？请跟我进来，让妈妈在外面等一下好吗？"小 K 点点头。

在国外，这样的测验要孩子独自面对，没有父母陪在身边，父母只能在外面等待，以免干扰孩子的测验。园长给小 K 的测验很简单，要他写出自己的名字，并画一张图。

园长看过他的测验后告诉我："他的英文理解力没有问题，也能够写自己的名字，从这张图看起来，他的成绩不错，所以可以按照他的年龄读大班，不需要从中班读起。"

我们在苏格兰停留近两年，我知道小 K 的英语基本能力不是问题，所以这一关很顺利地通过了。接着园长带领我们参观学校。儿子读的是幼儿园大班，位于穿过森林的另一个校区，接近易北河畔。从前面的校区走到后面的校区，穿过森林，需要约 5 分钟的时间。这个森林是小朋友们和附近居民休闲的场所，因此在夏日时光里总是很热闹。

"下周一他就可以正式上学了。我带你们去认识一下他的老师和同学。"园长带我们参观了学校，填完资料，两天后就可以正式上学。这所学校有来自世界各地的学生：美国、英国、德国、法国、瑞士、印度、中国、韩国、日本。儿子上过几所幼儿园，适应不是大问题。

就这样，小 K 进入了他人生中第 5 所幼儿园，开始体验全新的校园生活。

德累斯顿城市风光

小K妈妈的教养笔记

人生中难免有不同的转换和变化，让孩子理性、正面地面对一些变化，对孩子来说也是体验生活的宝贵经验。

找寻新学校

> 最后,让我下定决心离开这所学校的原因是,我发现这所国际学校在孩子的行为的教导方式上有很大的问题……

小 K 的转变

小 K 在国际学校的时间并不长。进入学校的两个多月后,他陆续出现一些问题。在国际学校中,孩子们的英文水平参差不齐,小 K 到国际学校后没多久,我发现他的英文单词说得越来越简单,这表明他的英文正在逐渐退步。

接着,学校老师告诉了我小 K 每天在学校的捣蛋记录:上课不专心,总是和他的好友马克斯在一旁玩耍;下课和马克斯爬出学校篱笆,到隔壁的院子里玩;拿沙子丢人……我想从苏格兰到德国也不过 3 个月的时间,小 K 怎能变化这么大?

我只好软硬兼施地告诉小 K,不要上课捣蛋,小 K 却回答:"老师上课很无聊,每天都学 ABC,而且大部分的人都会,马克斯找我玩,我就跟他玩。"

"那你干吗下课爬墙出去?你知道这样很危险吗?"我又继续问。

"是马克斯提议的,他还叫我先爬。我们都没被发现,爬回来的时候才被老师看到的。我保证下次不这样啦。"他理直气壮地回答。

"就算这样,你也不可以用沙子丢人。"

"是那个日本小孩先丢沙子给我的,我去跟老师说,老师也没说什么,后来他又丢,我就丢他了,结果被老师看到。"

这个小家伙有很多理由,但有些也是因为老师没有及时发现问题,去处理和引导。我开始意识到,也许他并不适合这所学校。

发生报警事件,学习环境亮起黄灯

没过多久,学校发生了一起德国爸爸报警事件。

这位德国爸爸是我丈夫的同事,他的太太是日本人,儿女都在国际学校就读。

那起事件是因为他的女儿在学校游戏场玩耍时被推倒了,后脑破皮流血,被送到医院,据说缝了几针。德国爸爸很生气,要求学校查出是哪个人推倒他的女儿,并质问是不是故意的,结果学校老师和校长没有调查,就推说是一次意外。

看到学校这样的处理态度,德国爸爸一气之下,就到附近管区的警局报警。

隔天,警察就到学校调查。

而他的妻子希望不要把事件扩大,认为事情也没那么严重,小孩没事就好。但是德国爸爸认为学校管理学生的方法不对,才坚持报警。这位德国爸爸说，并不是要让推人的孩子受到惩罚，而是学校的处理态度令人气愤。若是学校愿意妥善处理并且教导学生的行为，他也不会报警，毕竟他的女儿受伤不重。

这件事后来不了了之，但是我意识到留在这所学校确实有点危险，尤其小 K 又是个调皮的孩子，就算不是他被打，他也有可能学着去打别人。

霸凌的情况不见改善，下定决心让孩子转学

又没过多久，我去接小 K，只是在游戏场的一侧跟老师说了两句话，就看到一个大约 10 岁的女生，推了经过楼梯旁的小 K，害他差点站不稳而跌下楼梯。

我马上走过去问她："你为什么推他？"她看到大人干涉，一句话都不敢说。一旁的男生可能是她的同学，竟然替她回答："是他先推她的。"

我亲眼看见事情的经过，这小孩竟然说谎。于是我直接问他们："你们几岁？有 10 岁了吧？一个 10 岁的小孩在楼梯上推 5 岁的小孩，你们觉得这样做对吗？就算是他先推你，你就应该推回来吗？你应该要求他道歉而不是推回来吧？你的父母是这样教你的吗？"他们被我问得哑口无言，什么都没说就走了。显然他们认为以大欺小是件平常事。

类似事件，大大小小、层出不穷。最后，让我下定决心离开这所学校的，是一个 3 岁孩子跟着妈妈去接哥哥姐姐，他在玩耍的时候，竟被一群大孩子压在空心陀螺下，他在玩具大陀螺内，

不断地呼叫:"让我出来!让我出来!"

那些孩子听到呼叫声,竟然觉得更好玩,不但不让他出来,而且故意压得更紧,让他在里面动弹不得。还好,被我们和他的妈妈看见了,赶紧把他"救"出来。

在家长面前都会发生这样的事,实在不敢想象我们没看见的时候,这些大孩子会做些什么事。

回家之后,我很坚定地告诉丈夫:"我一定要帮小K转学!"

我发现这所国际学校在孩子的行为的教导方式上有很大的问题(不过不代表所有的国际学校都如此,也有很不错的国际学校),不应该让孩子成长在一个教育不好、学费昂贵、离家远、不安全的学校环境里,因此我积极询问附近幼儿园的入学方式。

转学先定志向,再反复思考未来的路

楼下美籍华裔的邻居告诉我:"德国教育到了小学四年级就明确了,四年级之后就决定孩子以后是上技职学校还是读大学,所以你要想清楚。"

邻居的好意告知,让已经决定帮儿子转学的我有些紧张。四年级就决定以后的路,是不是太早了?我担心孩子德文还不够好,万一等他语言学习成熟后才发现自己想要读大学,却因为语言不够好而进入技职学校,岂不是失去了德国教育适性发展的本意?这么一想,我不免觉得,太早决定孩子的未来似乎是不公平的。

我就这样反复思考,与丈夫讨论了很久,也询问了很多德国同事的意见和看法，最后还是决定帮小 K 转学。因为继续待在这所学校，儿子的行为无法控制，学费每年超过 6000 欧元，英文也无法进步，会衍生出很多问题，如此倒不如学好德文。

我当初认为，全世界学英文的人多，学英文比学德文容易，而且儿子已经会说英文，有了基础，只要他愿意，将来学英文比学德文容易得多。既然他已经到了说德文的环境，学好德文应该是比较好的选择。

根据志愿分配学校，小 K 再转德国幼儿园

幸好，小 K 对于换学校没有太大的意见，大概他也碰到很多有口难言的糟糕状况吧，而且不用每天搭乘来回将近两个小时的电车上学，也是一件轻松的事。因此，通过丈夫同事的帮助，我们开始准备申请离家较近的德语幼儿园。

但申请德国幼儿园，又遇到了许多问题。

德累斯顿这座城市的规定是：首先，我们必须准备最想要就读幼儿园的排序，写信寄到管理全市幼儿园的教育单位，等他们告诉你哪个幼儿园有名额可以就读。当我看到丈夫拿回来的"德累斯顿幼儿园一览表"，我真的是头昏脑涨，上面是密密麻麻的德文，几十家幼儿园，我们连幼儿园位于城市哪个角落都搞不清楚，真是难以选择，所以只好从离家近的开始考虑。

据说，从前是可以自己先找一家幼儿园，只要幼儿园愿意接收孩子，也还有名额，就可以入学。因此，造成了许多幼儿园必须排队等候，还有一些幼儿园招生不足的情况。现在家长必须写

下想要进入的幼儿园，寄到市政府教育局负责单位，由他们依照家长的"志愿"来分配。

我们曾听说在德国西部，很多小朋友为了进入理想的幼儿园，必须提早排队。在德累斯顿，这样的问题似乎并不是很严重。

我们依序填好了家附近的几所幼儿园，请丈夫的同事（在教育单位工作的妻子）帮我们送信。没多久，我们就收到了回信。离我们家最近的幼儿园名额已满，在走路约 15 分钟的另一所幼儿园正好有一个名额，于是，小 K 在国际学校约 4 个月后，转入了这所德国幼儿园。

> **小 K 妈妈的教养笔记**
>
> 每个孩子适应学校和教学的方式是不同的，只要是孩子能够适应的学习环境，就是最好的学习环境。

进入德国幼儿园

> 德国四季分明，幼儿园在每个季节都会安排不同的户外活动：春天，孩子们就在户外追逐开始出来觅食的小鸟；仲夏时分，天气非常炎热，于是午后老师们会让孩子们在户外玩水消暑；秋天，孩子们则捡拾美丽的落叶，用来制作美丽的卡片；冬天，孩子们就拉着雪橇到户外玩雪。这个年纪的孩子，总是在玩耍中学习的。

小 K 进入为小学准备的先修班

原本想让小 K 进入丈夫就职公司附设的幼儿园，但校方回复，可能要排队两年才有名额，我们只好放弃排队，直接接受了家附近幼儿园的机会，让小 K 转学。

新的一年开始，小 K 进入我们家附近的德国幼儿园就读。一开始，小 K 是完全不懂德文的，老师看到他是东方面孔，因此把他们班上唯一的越南同学——丰，特地找来，以为他们是可以沟通的，试图通过丰让小 K 早些熟悉同学和环境，没想到他们语言不通。

老师只好从最简单的字词开始教他，还让小 K 尽可能多地参加班上的一些活动。

小 K 已经 5 岁，也就是说，这一年的暑假过完，他就要进入小学就读，在德国，家长一般会让孩子先上一个为小学做准备的先修班。先修班的老师会用有趣的方法，教他们写数字、认字母，最重要的是学会认得自己的名字。

在德国幼儿园，基本上就是让孩子玩耍，而识字并不重要，也不是老师授课的重点。幼儿园里的孩子可以和老师和同学一起玩配对游戏、合作拼图、堆积木、玩乐高等，让孩子从小体会团队合作的力量，同时培养独立的能力。

德国幼儿园和当初的国际学校幼儿园不同，在德国幼儿园中，每个孩子都要午睡，因此只要是待在学校一整天的孩子，家长就必须为他们准备睡衣、小被子、小枕头，以及他们习惯抱着睡觉的小抱枕。吃完午餐，每个孩子会拿着自己的小床垫，找个喜欢的位置开始睡午觉。

睡醒之后，他们必须收拾好午睡的床垫，然后开始吃学校为他们准备的点心。

在德国幼儿园，"训练孩子自主"是老师分内的工作，也是一件极为重要的事。

睡眼惺忪的孩子，有的还在呆滞中，就开始坐着吃点心。吃完点心之后，孩子们便可以到户外玩耍，一直等到家长来接。

我很喜欢这样规律的作息，但又不至于用强硬的方式引导孩子，孩子需要正常的作息来培养良好的习惯。学校时而穿插校外教学、到户外公园玩耍和散步等"课程安排"，让孩子也有新的刺激与收获。尤其孩子们在外出时，必须要守规矩，并且两人一组手拉手，边走边听老师的介绍和说明，我真觉得他们是快乐学习的小天使！这和我之前对于德国人的严肃刻板印象，有很大的区别。

一年四季的"玩耍课"

德国四季分明，幼儿园在每个季节都会安排不同的户外活动：春天，孩子们就在户外追逐开始出来觅食的小鸟；仲夏时分，天气非常炎热，于是午后老师们会让孩子们在户外玩水消暑；秋天，孩子们则捡拾美丽的落叶，用来制作美丽的卡片；冬天，孩子们就拉着雪橇到户外玩雪。

这个年纪的孩子，总是在玩耍中学习的。小K就读的幼儿园，每个星期四早上都会由老师带领，搭公交车到学校附近的游泳池游泳、玩水，并且经常安排孩子们参观博物馆和图书馆。每个孩子在上游泳课之前，必须到诊所检查身体，只有医生开具可以游泳的证明书，才可以和大家一起去游泳，这也正体现了德国人的严谨性。老师注意每个小细节，也要求家长完全配合，以维护孩子的健康与安全，避免发生意外。

小K进入德国幼儿园之后，行为举止更有规矩，比之前进步很多。他的同学们也都很守规矩，老师也会适时纠正孩子的不当行为，并且很注意他们在校园内外的安全。老师告诉我，除了偶尔发现小K在学校会想妈妈，其他的表现都相当不错。当时小K的德文已慢慢进步，但老师还是热心地建议我，由于小K即将进入小学，可以考虑另外为他找个德文老师，加强德文。

为小 K 请德文家教老师

听了老师的建议,我开始积极地为小 K 找德文老师。幸运的是,在小 K 幼儿园同学家长的介绍之下,我为小 K 在家附近不远处找到一位德文老师——安雅。我们在聊天儿时还意外地发现,她的丈夫竟然也是我丈夫的同事!另外,她也有一个和小 K 同年的女儿。于是,我在小 K 进入德国幼儿园 4 个月后,每周两天的早晨,我先带小 K 到安雅家上德文课,之后再送他到学校上学。

每周我也会选几天,让小 K 到安雅家和她的女儿以及其他邻居一起玩耍。在无形之中小 K 的德文越来越好。到了暑假,他的德文几乎已经没有问题,行为上也比在国际学校时改善了许多,不再有类似随便向同学扔沙子的事件发生。他在一个能够适应的学校中逐渐成长,奠定了他上小学的基础。

看到小 K 的进步,我很高兴当初将他转出了不适合的学校。而且他现在的学校离家近,我也有了自己的时间,可以去上德文课。因为我有必要知道,学校老师对我说了什么,学校的通知单要求家长配合什么,总不能拜托邻居来帮我们看学校的通知单吧?

在德国幼儿园的时光里,小 K 过得相当快乐,也学到如何与德国孩子友好相处。幼儿园老师对孩子们的呵护,是不遗余力的。我曾经看过描写德国幼儿园的有关文章,有的老师认为,在冬天孩子衣服穿多了容易感冒,其实不然。

在冬天,只要是天气允许,老师一定会让孩子到户外玩耍,但是若孩子没有穿好保暖衣、戴好帽子，是不被允许到户外的。德国人保护孩子，所以没有一个老师允许孩子穿着单薄的衣服到户外玩耍，冒险用天气考验孩子，会造成孩子身体不适，德国的老师不允许这样的情况发生。

在德国学校里，或是暑期活动、校外教学，最让我放心的一点，就是老师非常注重孩子的安全，并且用温和的、孩子可以接受的方式，去教导和规范他们的行为。家长可以安心工作，还能拥有自己的时间，而不是像小 K 在国际学校就读时，经常因为他的惹是生非或是受伤而苦恼不已。

就这样一步一步，小 K 顺利地进入了德国的小学。

在幼儿园过生日

小 K 妈妈的教养笔记

　　德国幼儿园训练孩子们独立，并且让孩子们能有效地遵循基本的规定。除此之外，基本上都是以玩乐为目的——孩子只要专心地玩就可以了。

带你了解真实的德国

德国的优势 & 领先地位

- 德国是世界第三大出口国家，曾连续 6 年成为出口冠军，目前仅次于中国、美国。
- 德国拥有非常高的生活标准以及先进的医疗和教育体系。
- 德国是世界上最早实施义务教育的国家。
- 德国属于西欧海洋性与东欧大陆性气候间的过渡性气候，整体气候宜人。据《每日邮报》2018 年排名，德国位居全球宜居国家第四位。
- 德国在太阳能、风能、地热能等开发利用领域居世界领先水平。
- 德国是世界汽车制造强国，汽车是其最重要的出口产品。
- 德国重视环境保护，可再生能源的开发利用、设备生产和技术研发方面位居世界前列。
- 德意志博物馆是世界上最大的科技博物馆，主馆位于德国慕尼黑，博物馆内有 50 个科学技术领域的大约 28000 件展品，每年有大约 500 万访问者前来参观。
- 德国留学近年来受到越来越多同学的青睐，德国本科阶段留学需要的费用较为低廉，而且不少公立大学是免收学费的。
- 凡德国籍、持有德国永久居留签证及工作签证者的子女均有权享受儿童补贴。

兴趣和专业，是德国培养人才的重点，而不是要求每个人都要读书，或是认为只有读书才有出息。因此，德国教育培养人才的重点和方式，是务实的专职教育，重视每个孩子的特质，让他们以后都可以找到适合自己的工作。

2 Chapter

没有边界的教室

森林里的毕业典礼

> 森林里的毕业典礼,没有急于安排孩子才艺表演,反而像同乐会般让孩子们尽情玩乐,他们在森林里自由呼吸、奔跑,享受阳光与游戏的时光,与大自然融为一体。这是一个令大人和孩子都难忘的毕业典礼,没有伤感,只有无比的欢乐。

"6月8日,若有时间,请你和你的丈夫于下午3点到这里。"幼儿园老师拿着一张纸条,写下地址和位置,然后刻意放慢说话的速度,耐心地告诉我,电车该怎么搭、路该怎么走。

"老师们会带着所有小朋友到那里,家长可自行前往与我们会合。"

"每位家长都会带一道餐点到现场,所以也欢迎你带着美味的点心来。"老师热心地向我解说着当天的活动。

"好、好。"即便老师已经放慢说话的速度,我还是一知半解地听着,心里带着问号,担心因为听错而误解老师的意思。成长在德国的小朋友是幸福的,德国的幼儿园为了宣布暑假来临,还特地举办了盛大派对庆祝,让我也满怀期待。

虽然生疏的德文让我懵懵懂懂,但老师大致上就是交代"记得准备餐点，还有准时莅临"。

暑假前的森林派对，原来这是毕业典礼！

到了活动当天，我和小 K 的爸爸拿着电车路线图，按照网上找到的位置下了车，还频频向人问路，仔细研究幼儿园老师交代的地点，究竟要怎么去。

当我们到达时，还一度以为我会错意走错了地方，原以为是在市内的场地庆祝，结果出人意料地发现这是一片蓊郁的小森林，有一条蜿蜒的小径连接着马路与森林的另一头。

森林里有一处可供野餐聚会的地方，阳光从树叶的细缝中洒落下来。还有供人休憩的小木屋，小木屋外则有木制桌椅、游乐设施，甚至还有石制保龄球、小足球场、篮球场等，完全就像是亲子游乐场所，非常适合家庭活动。

当我们走近，从森林另一端传来孩子们的欢笑声，我们循声走到森林的另一头，发现老师与小 K 和小 K 的同学都到了。还有一些帮忙拿东西的家长在小木屋旁忙进忙出，每个家长把自己带来的"拿手好菜"都放在户外的桌子上。孩子们嬉戏，大人们聊天儿，但我心里仍在想：这场森林派对究竟是为了什么而举办？

喔！原来是毕业典礼！

小 K 的回答，让我恍然大悟。德国的孩子，满 6 岁就会进入小学就读。小学，在德国人眼中，是所有基础教育的开始，对孩子来说是大事，因为从进入小学开始，孩子就正式迈上成长之路。因此，幼儿园的毕业典礼特别隆重，以示孩子们告别他们的幼年时光。

森林里的毕业典礼，没有急于安排孩子才艺表演，反而像同乐会般让孩子们尽情玩乐，他们在森林里自由呼吸、奔跑，享受阳光与游戏的时光，与大自然融为一体。这是一个令大人和孩子都难忘的毕业典礼，没有伤感，只有无比的欢乐。

德国的幼儿园教育

德国的幼儿园，主要培养孩子学习如何适应团体生活，以便为将来进入小学做准备。当孩子们准备好了，就表示他们已经可以进入小学接受正式的教育。德国的幼儿园想让孩子从玩与学习中探索自我。所谓的玩，并不是毫无目的，而是在玩乐的过程中开发孩子的天赋和才能，作为人格养成的基础。这个阶段需要4000个小时，孩子才能从幼儿园毕业，这意味着孩子即将学习识字，向下一个人生阶段迈进。

每一个从幼儿园毕业的孩子，都会收到一份叫糖果袋的毕业礼物——用纸做成的长条锥状袋，里面装有各式糖果和文具。这是德国的一项入学传统，每个孩子在小学入学当天都会收到父母为他们准备的这份入学礼物，表达着父母对孩子们进入人生不同阶段的祝福。

此外，老师们也会为每一位小朋友整理出一本厚厚的"幼儿园学习成果记录"，上面写着对每个孩子的评语，以及在园内学习的点滴。典礼上，由老师带领大家唱歌、跳舞以及表演戏剧，而台下的家长们就是最好的观众。

此次毕业典礼上，不仅孩子有礼物，每位老师也有一份。这是筹备典礼之前家长们开会沟通的结果，每个家长只需交 5 欧元，然后由其中一位家长负责统筹，选购送给老师的礼物。给老师的礼物是什么呢？讨论后的结果是在德国一般拜访朋友时都会准备的一大束鲜花和两瓶酒，用来感谢老师对孩子们的启蒙教导与照顾，让他们平安快乐地学习与成长。孩子们即将正式进入小学，对德国人来说，形式不是最重要的，真心诚意的感谢才是最珍贵的。

毕业典礼后的交流时光，是父母与孩子都难忘的回忆

毕业典礼的尾声，就是老师与家长们聚餐的互动时间。

傍晚的森林里，不知何时，我们在早已架好的烤肉架上开始炭烤香肠和面包——这是德国家家户户在夏季里最喜爱的活动。加上家长们提供的各种点心、水果、饮料、蛋糕，大家一边享用着丰盛的餐点，一边交换着彼此的教养心得，话题也围绕着要让孩子读哪所小学等谈起。

这是我见过最有趣的毕业典礼了！很难想象平时严肃的德国老师和园长，竟可以把一个小小的幼儿园毕业典礼，办得如此温馨且令人感动。

在遥远的记忆里，我的幼儿园毕业典礼是在学校的礼堂举行的，每个小朋友都必须准备好才艺上台表演。为了能够表演顺利，小朋友们往往在毕业典礼前要花许多时间练习，当时对还是孩子的我来说，有不少压力。近年来中国台湾的幼儿园毕业典礼

小 K 的毕业典礼

大家送礼物给辛苦的老师

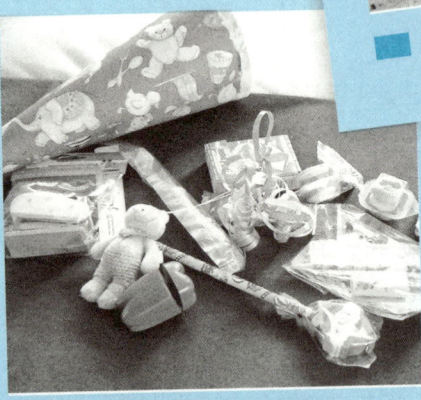

小 K 的毕业礼物

也开始有不同的形式与创意，有许多私立幼儿园也会精心策划毕业典礼的主题，而举办的地点也越来越多元化，比如在五星级饭店租下一个礼堂，举办如婚礼般隆重的毕业典礼……记得在苏格兰时，小 K 的毕业典礼是在幼儿园的后花园里举行一个小宴会，有别于此次森林里的毕业典礼，各有不同的感受，相信都给小 K 留下了难忘的美好回忆。

整个毕业典礼结束后已近晚 8 点多，每个毕业的小朋友手中拿着礼物，心满意足地与父母一起踏上归途。而这样的记忆，也因为小 K，让我们拥有了难得的体验，陪着他一起成长，经历他此刻眼中的世界。

小 K 妈妈的教养笔记

让孩子拥有快乐的童年时光是很重要的，这样能培养孩子乐观的性格，当他面对未来时能保持正面积极的态度。所以在此次毕业典礼的体验中，我与小 K 爸爸也受益良多。让孩子拥有美好记忆比什么都重要，而这样的回忆他会终生难忘。

小 K 的入学通知，
入学前都会收到的红单

> 德国的社会福利相当好，尤其是在教育方面投入更多，任何在经济或学习上遇到困难的孩子，只要愿意都可以得到适当的帮助，而且是由国家承担。

收到入学通知单，小 K 准备上小学了

与英国大部分地区 5 岁就可进入小学的制度不同，德国规定小孩需要满 6 岁之后才能进入小学，在入学前必须经过老师和医生的评估，认为孩子的心智、身体和语言等各方面都已经准备好了，才能进入小学就读，而还没准备好的孩子，可以晚一年入学，等心智成熟一些。父母可以自己决定孩子 6 岁或 7 岁入学，也可以和老师讨论，在评估后再决定。

在德国，孩子进入小学前一年年底，就会收到一张小学的入学通知单，以方便家长准备和决定孩子就读哪所小学等入学事宜。就在我们决定将小 K 转入德国幼儿园的前夕，也收到了由德累斯顿教育局寄来的一张红色入学通知。

通知单上附注了我们家附近的 4 所小学,供我们选择。我们决定后,孩子必须在限定的期限内到选定的小学报到,并告知学校,将在下个学年进入学校就读。若是该校新生名额已满,就必须重新选择。若未按时报到,将会受到政府处罚,罚款大约 1200 欧元,德国政府希望每个孩子都能享有入学受教育的权利。

我承认,收到入学通知时感到有些茫然,我的德文尚未达到可以流畅沟通的程度,小 K 的德文也在初学阶段,我们真的要放弃英语国际学校,而转到德语小学就读吗?这对我和小 K 来说是个挑战。

正在茫然之际,我们很幸运地认识了一位在德累斯顿教育单位工作的朋友。她告诉我们,德国小学没有所谓明星小学和一般小学之分,每所学校的教学质量都差不多,所以若非特殊需求,其实选择离家最近的小学就可以了。

于是我选了离家最近,据说对学生学习和行为要求较严谨的小学,准备带着小 K 报到注册。

特殊学校,是为了帮助孩子步入正轨

德国有所谓的特殊教育,是一种提供特殊项目给学习上有障碍、需要得到更多帮助的孩子的教育制度。例如:有学习障碍、情绪障碍、语言障碍的孩子,或母语非德语的孩子必须先进语言学校学德文,通过德语程度测验之后才能就读一般的德国小学等。特殊教育是为一些有特殊需求的孩子所提供的选择。

经过医生的评估,并且取得医生证明,认为确实有如此需求，孩子才需要到特殊学校入学，以便更快地步入正轨学习。而特殊教育所需额外支付的学费、车费，几乎都由政府支付或补助，为期两三年不等，直到孩子能跟上学习进度为止。

小K班上有位同学，总是跟不上同学们的学习进度，11岁仍然在读9岁的课程，所以一直留级重读，老师建议他在三年级读完后就转入特殊学校就读，这样才有机会慢慢步入正轨。

小K班上还有一位口吃、表达有障碍的同学，以及一位女生，因为无法控制自己的情绪而影响学习以及同学关系，他们都转去特殊学校学习。不管是学习或是同学关系，都得一步一步慢慢来，不求成绩卓越，先求跟上同学们的学习进度。这些孩子并不笨，只是需要付出更多的耐心，并且运用专业的辅导技能帮助他们，也让他们学会如何帮助自己。

我相信在台湾也有很多出现类似问题的孩子，但是很多时候他们没有得到适当的帮助和引导，所以学习进度缓慢，还遭到同学的嘲笑。来自老师或父母的压力，也让他们与正常的学习进度渐行渐远。

很多人习惯用成绩高低判断孩子的学习好坏。成绩不好的孩子，不但没有得到应有的帮助，反而感到更多的压力，他们当然越学越差，甚至想要放弃学习。这些孩子也许不笨，只是需要得到额外的帮助，或特殊的教育方法。他们特别需要专业且有耐心的辅导老师，以及不放弃他们的父母，共同引导他们学习和成长。

德国的社会福利相当好，尤其是在教育方面投入更多，任何在经济或学习上遇到困难的孩子，只要愿意都可以得到适当的帮助，而且是由国家承担。

虽然德国不像芬兰那样有"不让任何一个孩子落后"的完整到令人称羡的教育制度，但是除了一般的小学，德国孩子仍然有许多不同的选择，比如，家长也可以选择让自己的孩子进入森林小学或是英语国际学校。德累斯顿唯一的国际学校，我们已经上过一段时间，不但费用高，所教授的英文程度没有想象中好，而且离我们住所又远，因此，在替小K选校时被排除在外。但当地多数的德国人，还有很多父母都愿意花钱送孩子到类似森林小学或是以英语教学为主的学校就读，其实没有必要考虑教育方式，只要适合孩子就好。

由于当时小K的德文不好，怕他已去过国际学校有不适应的问题，因此我们仔细评估以后，选择了德国的森林小学——华德福[①]，参加了该校的说明会。

华德福森林小学

华德福森林小学的说明会，出乎意料地有很多人参加。幸好我们请了小K爸爸的同事当翻译，否则以我们两人当时的德文程度，大概一句也听不懂。虽然有很多人来参加说明会，但是真的

[①] 华德福教育秉持以人为本的教育理念，2012年已在60个国家建立了1025所独立的华德福学校、2000所幼儿园、530所特殊教育中心。早期教育注重于实践和手工活动并提供利于创新性玩耍的环境。小学重点是发展艺术才能和社会技能，培育创新和分析理解能力。

把孩子送入这所学校的人屈指可数。也许大多数的德国人还是认为一般的德国小学比较合适，根本不需要多花钱把孩子送进这里就读。

德国的森林小学，从小学到中学毕业，为期13年的时间。在这里，没有升学的压力，孩子自在地徜徉于艺术、工艺和语言等各种不同的环境中学习。华德福森林小学并不全是以成绩为优先，比起分数，反而更强调孩子们可以用更多的时间去探索自己的潜能和兴趣。虽然学费不是很贵，每个月150～200欧元，但与一般不需要付费的德国小学相比，对普通家庭来说，的确是一笔额外开销，因此对于这种森林小学，一般的德国家长接受度并不高。

当初之所以对这样的学校进行了解，我们的确有把小K送进这种学校就读的想法，但是想到后续升学可能会出现的种种问题，几经思考，也参考了多位德国友人的意见，我们最后还是为小K选择了普通的德国小学。

仔细想想，小K若是进了这种森林小学，将来要回归到传统教育体系，需要付出加倍的努力，也就是说，必须通过一连串的测试、考试、评估，符合资格，才能回到传统的学校就读。

而且年级越高，回到一般德国学校体系会越困难。所以一般进入森林小学的学生，会一直读到中学毕业，然后参加高中会考，通过之后再以会考成绩申请大学或职业学校。

经过了一番比较，我们决定让小K进入离家最近的普通德国小学。

入学前的资格评估

接到入学通知的一个多月后，学校来函要求小 K 到学校做入学前的健康检查。这个健康检查是入学半年之前的例行公事，除了视力、听力、身高、体重及四肢的检测，另外还有简单的智力测验。当时小 K 刚进德语幼儿园，还不会说德文，只好由我这个上过一年德文，也处于接近全文盲状态的妈妈当翻译。

在检测语言状态时，医生要求我告诉小 K："请他跟着我一起发音，要完完全全地复制我的声音。"

接着医生发出了一些卷舌音、喉音等各个部位所发出来的、没有特殊意义的声音，然后请小 K"复述"一次。令我惊讶的是，小 K 居然可以复制所有的声音，而在一旁陪同的我，反而无法完全模拟医生的发音，对我来说这的确有难度。

试了几次之后，医生点点头并告诉我，小 K 在语言方面，应该没有任何问题，只是需要一点儿时间。最后，医生在语言栏上加了一行注记："不会说德文，但是发音没有问题，再经过半年幼儿园训练，可以进入小学。"

经过医生评估，确定小 K 已经"准备好"，2007 年 9 月，小 K 正式进入德国小学一年级，开始体验德式教育。

我觉得德国医生十分专业，仅凭发出一些声音，即可评断小 K 可以学好德文。也没有要求他先进入外国移民学校接受语言训练，就直接准许他进入小学。而小 K 果然不负期望，如医生所料，在往后的一年中，小 K 的德文进步神速，到了一年级下学期就已完全进入状态，让我不得不佩服孩子们天生的学习能力。

小 K 妈妈的教养笔记

为孩子找到一所合适的学校,就像为他找到一双合适的鞋子,这是非常重要的。不合适的鞋子会影响孩子的成长;让孩子感到不自在的学校,更会影响孩子身心的发展。

小学阶段的孩子,快乐学习就好。

没有成绩单的小学一年级

> 在德国,小学的第一年是没有成绩单的。一年级新生才刚刚开始步入识字的阶段,因此老师认为最重要的不是成绩,而是教导孩子如何学习独立完成自己的分内之事,例如系鞋带、穿衣、换鞋、整理书包文具等,以及融入团体生活。

小学隆重的入学仪式,展开另一阶段的学习

小学一年级入学,是德国孩子生命中一件重要的大事,受到大家的重视。

每年的八九月,孩子即将进入小学,父母也会跟着忙碌起来。进入小学,便是正式接受教育的开始,与学龄前的幼儿园是大不相同的,这是孩子成长的另一个阶段的开端。德国的父母会帮孩子准备各种文具,其中最特殊也最让孩子期待的,就是每一个孩子都会得到一个巨大的糖果袋。在幼儿园毕业典礼中得到的糖果袋,是由幼儿园老师给的,而在小学入学当天得到的巨大糖果袋,则必须由父母为孩子准备。有的爷爷奶奶或亲戚朋友,知道家中有即将入小学的孩子,也会以此当作鼓励的礼物。

德国小孩入学的传统是得到糖果袋。不是在德国长大的人，绝对不知道它是什么东西，就像我们刚开始一样。当老师和德国友人告诉我们，要为小孩准备糖果袋时，我们根本不知道该怎么做。打听之下才终于了解，必须先到各大书店或卖场，去买一个长约 100 厘米的盒子（从前都是由德国妈妈们自己亲手做），里面装入给孩子的各式文具、服装、足球、糖果等礼物，然后贴上孩子的名字。等开学的那一天早上，集中放在学校里，开学典礼完毕之后，由校长分别将这些糖果袋送给每一个新生。由于德国的小学只有 4 年，每一个年级大约只有两三个班，每班 20 人左右，因此校长可以亲自欢迎每一位新生。

这种进入小学的隆重仪式，充满童趣和象征意义，每个孩子都能清清楚楚地记住入学的这一刻，因为这是他们人生中第一个不同且重要的转折点。

参加开学典礼，要穿得正式以示重视，并背上书包。除了爸爸妈妈，甚至连爷爷奶奶也会盛装出席。未能免俗的，校长会在典礼上致辞。接着由三年级的学长、学姐通过表演的方式，告诉即将入学的新生们，在这 4 年的小学时光里，所需要学习的知识、规范等，表演十分有趣且精彩，新生们更是开心地大笑，全然忘了即将面对新环境的不安。

在典礼的最后，校长会介绍每个班级的班级导师和课后生活辅导老师，然后和每位新生握手，说几句话，并献上欢迎的鲜花。每个孩子在迈入小学前，都受到高规格的欢迎与重视。

开学典礼在家长和老师的道贺声与拍照留念中结束，过了这一天，孩子将开始他们另一阶段的学习旅程。

德国小学生不穿校服

记得我们居住在苏格兰时，小朋友入小学后，便开始穿着校服。英国学校的校服、运动服由每个学校自己设计，因此各种各样，好看的校服应有尽有。经过设计的校服，佐以学校徽章，穿起来很有特色。英国人觉得穿校服能显示出孩子充满朝气的精神，所以规定孩子上学必须穿校服。在所有学生入小学一年级之前，老师会为家长列出所有清单，要求在入学前必须准备好学生的西装外套以及冬季夏季的学生校服、运动服、皮鞋、运动鞋，甚至书包、运动包等。这些势必会花掉家长一笔不小的开销。

而在德国，小学生穿校服吗？答案是，德国的小学生是不穿校服的。

在德国，小学一年级就开始免学费，因此任何多余的支出，对德国父母来说，都是额外的花费。而且孩子成长速度快，如果穿校服，每年都要多出一笔开销，对务实且节省又爱休闲的德国人来说，这笔额外的支出，他们宁可省下来带孩子去度假。所以德国的孩子是不需要穿校服上学的，孩子可以穿自己喜欢且舒服的衣服到学校。

但是德国人对于鞋子，倒是比服装要求严格得多。以小K就读的学校来说，学校规模不大，但到学校要穿室内拖鞋，以避免下雨、下雪天把泥土、枯叶等带进室内。因此，孩子们每天到学校的第一件事，就是换下室外鞋，挂好外套，再进教室；等到下课，到外面玩耍时，再把室外鞋换上。

另外，上体育课时，则要准备一双干净的白布鞋，因为大部分体育课是在体育馆里上的，干净的白布鞋可以保持体育馆的地板整洁，能使用得更久。也许你会觉得，这样换来换去不是很麻烦吗？浪费时间在这些无谓的地方做什么？但是德国人却很认真地这样做，认为养成这些生活习惯也十分重要。

所以，在这些小细节上，我们就可以知道，德国人、英国人的想法和要求是完全不同的，他们在乎的重点不同，德国人更注重培养孩子的生活习惯以及保持环境清洁。

所谓入境随俗，小K就在这样不同的欧洲文化下成长。我不知道穿校服到底好不好，但只要穿着整洁、舒服，不管是不是穿校服，都是对自己也是对别人的尊重。

1+1>2 的家长之夜

开学之后，家长会收到学校的许多通知单，比如：你的孩子可以接受学校拍照吗？学校可以将你孩子的照片放在学校网站上吗？你的孩子接受过预防针吗？（他们特别重视孩子有没有打过破伤风预防针，因为孩子在户外玩耍时容易跌倒受伤，所以是否打破伤风预防针被视为特别重要的事。）你的孩子对什么样的食物或东西过敏？……

开始上课没几天，我就在家庭联络簿中看到了一张通知单，上面写着：

> **家长之夜**
>
> ×年×月×日晚上7点，17教室。
> 欢迎家长出席，与您讨论和让您了解孩子这一年的学习。
> 请注明是否参加，并请于周五前交回复单。

家长之夜，一般会在教室举行，班级导师和课后生活辅导老师都会参加。我们必须坐在孩子平时上课的小椅子上聆听老师的报告，仿佛回到小学的时光，那种感觉真的很奇妙，对家长来说是另一种新鲜体验。虽然我觉得各方面都很陌生，包括语言，但我明白这是另一个国家的小学。时光飞逝，我已经是一个小学生的妈妈了！

家长们排排坐好之后，准时的德国人都到齐了，家长之夜在7点准时开始。

首先由班级导师自我介绍，并解说这一学期的所有课程规划，孩子要学习哪些知识、各学科情况都会说明。此外，班级导师还会说明学期中将会有哪些重要的活动，有些是户外教学，有些是特殊计划，如"中古世纪周"等，哪些需要家长参与配合。班级导师会详细地解说每个科目的学习内容和教学方法，父母在家里需要给孩子哪些帮助等。

班级导师介绍完毕，接着就由课后生活辅导老师解说，他们在学校会给孩子课堂之外的协助。每天的家庭作业，必须尽量在学校完成，有不会的，辅导老师会加以指导。还会与导师密切合作，帮助孩子改正不当的行为等。此外，课后生活辅导老师每学期都会带孩子到森林里健行，锻炼身体。

最后，家长可以提出意见或更好的想法，孩子在学校的衣、食、住、行、育、乐都可以交流讨论。

虽然一开始的家长之夜对我来说是很吃力的，但我认为这是家长和老师之间一个很好的沟通机会，是家校之间紧密联系与配合的机会。尤其家长与老师的共同关注，对孩子的行为引导和学习都是相当有帮助的。通过老师在学校的观察以及与家长的互动，可以了解每个孩子的发展。这是学校与老师的用心教育，也是家长与老师沟通的一种良好表现。

甚至在学期期中，班级导师还会自行举办一次家长之夜，地点在校外的餐厅，和家长讨论孩子近期的行为和学习问题。

没有成绩单的一年级

在德国，小学的第一年是没有成绩单的。一年级新生才刚刚开始步入识字的阶段，因此老师认为最重要的不是成绩，而是教导孩子如何学习独立完成自己的分内之事，例如系鞋带、穿衣、换鞋、整理书包文具等，以及融入团体生活。

在中国，成绩单经常是亲子大战的导火线。父母因为孩子成绩不好而打骂小孩的事件层出不穷，大家早已习以为常，有的孩子考不好怕被骂而谎报成绩等。在德国，在我印象中从没发生类似事件，虽然我也听过隔壁邻居在家大声责骂孩子，但是责骂原因从来不是因为成绩。

德国的老师认为，成绩单只是给孩子和家长的参考，用来检测这一学期的学习成果。

因此，考试内容都是最重要且每个人都必须会的知识，老师从来不会为了要难倒学生而出一些稀奇古怪的题目。

如果学生考不好，就表示对于上课内容一知半解，此时老师便会告诉学生："你要多练习。"

父母也不会因为孩子成绩不好而否定孩子的其他能力。所以在小学的第一年，老师也会发成绩单（这是没有分数的成绩单，只是一份学习状况评估），但成绩单上不会写1、2、3[①]，而是老师针对孩子每一科目的学习状况和在校整体表现，鼓励孩子自发地学习，要求孩子遵守规范，也鼓励他们提问。因为老师相信，一个愿意自主学习的孩子，成绩自然不会太差。

除了一年级的学生不给成绩之外，在学期结束前一周左右，班级会组织一个成果发布会，家长就是这些孩子的最佳观众。在这个小小的期末成果发布会的一个小时的时光里，班级导师先宣报这一学期的学习内容和成果，接着就把时间留给孩子，汇报他们的学习成果，有团队合作的诗歌表演，以及每个人的才艺表演等。

对德国人来说，这可以说是"成绩"的另一种展现形式，其中融合了表演和学习。

---

① 德国学校的评分不是以A、B、C、D为等级，而是分1～6个级别。成绩1和2是表现很好，3和4则表现一般，若成绩是5和6，就表明学习成绩很差，老师会考虑是否需要留级重读或是特别加强。

其实，如果在孩子成长过程中帮助孩子建立自信，学习必备的技能，孩子就会拥有一个快乐的学习生涯。考试固然有其效果，但如果孩子养成不考试就不读书的习惯，学习就会变成一件很痛苦的事。

小K受益于这种教育观念，渐渐养成了独立思考、自发性联想的学习习惯，成绩自然在老师期待的范围内。

记得有一次，小K在一篇科学小短文里看到一个地名，他就到墙上的世界地图上找出了这个地方，还兴致勃勃地叙述小故事给我听，让我很惊讶。自主学习的习惯比取得好成绩更加重要，愿意自主学习的孩子，又怎会得到一张不堪入目的成绩单呢？

所有的知识都是一点一滴积累起来的，孩子在进步就是可喜的。因此，德国从小学一年级开始，就致力于培养孩子自主学习的好习惯，这是奠定孩子未来的关键。

小 K 妈妈的教养笔记

从上小学一年级的这一天开始,孩子必须自己穿衣服、自己系鞋带、自己戴帽子等,这些不再由父母代劳。

父母帮孩子做得越多,将来孩子越无法独立自主。在德国,不会生活自理的孩子,会被视为尚未"准备好"上一年级,必须再多等一年,等他们成熟到可以独立做事了,才可以进小学就读。

尊重孩子,将他们视为独立的个体,帮助孩子找到自己的路,是德国父母和老师最大的目标。

不管是不是第一名，
每个人都需要具备生活能力

> 然而小 K 到了德国，以他这样的年纪就可以轻易指出那些平时餐桌上，甚至是只有欧洲才出产的连我也不太知道的蔬菜名称。令我讶异的是，只要给他清单，他就可以去超市帮我买菜，甚至比他爸爸买的还准确！这就是生活。不管书读得好不好，成绩是不是第一名，每个人都需要具备生活能力，这便是生活教育中重要的地方。

春天来临，冬天的积雪融化了，可以不用再踏着厚厚的积雪上学，我与儿子间的对话，似乎也因为天气渐暖，开始"温暖"起来。

"春天来了，你听，小鸟已经在树上叫了。"陪小 K 上学的途中，我随口一说。

"冬天也有鸟叫啊，但是春天的鸟叫得比较大声。"小 K 边走边回答着。

我一头雾水，问道："春天的鸟叫得比较大声？你是怎么知道的？"

"老师说的啊。"小 K 煞有介事地开始解释，"因为春天来了，鸟要叫大声一点儿，告诉大家春天来了。"

哈哈，没想到，德国的学校教得这么仔细。在四季如春的中国台湾长大，我确实不知道春天的鸟儿与冬天的鸟儿在叫声上有什么区别，如此说来，真的连叫声都有区别吗？

欧洲四季变化明显，每个季节都有不同的乐趣。春天赏鸟，认识鸟类；夏天在学校里冲凉、玩水；秋天捡落叶，认识树木；冬天赏雪，堆雪人。

我常想，我究竟认识了多少鸟类？我们的孩子，是不是总在努力背诵着许许多多所谓的知识，却对身边的生活与环境一无所知？

我发现，德国小学教的不仅是识字和知识，最重要的是他们教会孩子怎么"生活"。

幼儿园的孩子，也懂得分辨植物是否有害

也许你会问，生活有什么好教的？其实生活中的学问可大了。

"你知道四季的水果如何生长吗？

"你知道哪些野生的果实是不能吃的吗？

"你知道你所居住的城市有哪些珍贵的鸟类吗？

"你会在小学毕业之前下厨做简单的饭菜吗？"

即使大学毕业，大多数的中国台湾学生对这些问题都不太清楚。

在德国，这些就是老师在小学的课堂上、生活中所教授的

"课程"。孩子从中学习食物是怎样来的，要如何珍惜食物；四季变换要如何穿衣；所居住的房子是用什么建造的，古代的房子和现代的房子有什么不同；不论骑车或走路都要遵守交通规则；等等。这些不就是所谓的"生活课程"吗？孩子正是从这些看似平凡的生活课程中，学到了与自己息息相关的有趣的历史、文化、自然等知识。

在德国小学的教学课程中，有一门课叫作"生活常识"，在这门课程中，老师会用生动有趣的方式引导孩子学习社会、自然等课程。不但学知识，也同步学习更多的德文单词。

有一次，老师请孩子带着麦子做成的食物到学校。在德国，面包是主食之一，许多面包是用麦子制成的。老师会告诉孩子麦子长什么样，麦子的生长情况，吃麦子做成的食物有什么好处。更有趣的是，这门课还教孩子所有家畜的怀孕期有多长，比如奶牛妈妈从怀孕到分娩需要几周，小鸡几周孵化出来等。如果我们没有刻意学习这些知识，是完全不会细心留意的，然而在德国小学的课堂上就已经教授这些知识了。当老师开启了这一扇有趣的知识之门，对这些感兴趣的小朋友，就会试着去阅读更多的书，获得更多的知识。

这样的生活教育，不只在小学，其实从幼儿园就已经开始启蒙了。这种启蒙教育让孩子们认识了环境，学会了保护自己和友善，也更加爱护自己所居住的环境。

有一次我出门办事，碰巧经过小K就读的幼儿园，看到老师带着小朋友们到附近的公园活动。老师带着孩子们，像是大家一起散步，边走边介绍路边的植物和风光。偶尔有一只小刺猬从他们面前走过，老师还会让大家停下来观察，让孩子们礼让小刺猬先过呢！老师沿路实地教学，会突然让孩子们停下脚步，然后在长得像蔓越莓的小树前告诉大家："这种果实不能食用。"然后仔细地告诉孩子如何正确分辨可食用与不可食用的植物。

其实有时候，大人理所应当的想法限制了孩子的可能性，我们往往都低估了孩子的理解能力。我发现，大部分的德国孩子都认识居住环境附近的植物，并且能分辨它们是否有害。

所以德国小学的老师，除了教孩子们知识，也是孩子们生活上的启蒙导师。

德国小学也给中国台湾妈妈上了一课

我记得有一年秋天，老师要孩子们带秋天的果实到学校，所以那个周末，我们几乎都在森林里捡栗子。有趣的是，捡了很多栗子，我还兴致勃勃地想，把它们拿来做成糖炒栗子吧，结果小K告诉我："这种栗子不能吃啦！"我恍然大悟："原来栗子还分能吃和不能吃的呀？"

有时小K还会告诉我，如何对待野生的小动物。

例如，有次在路边看到一只被晒死的小刺猬，小K跟我说："秋天的时候，如果你在路上遇到一只刺猬，你可以先用坚果和树叶喂它，然后把它放在有食物的树丛或树洞里，这样它才可以过冬，不然在冬天里没东西吃，它会饿死的！"我才知道，原来这种小刺猬是吃叶子和坚果的！

小K还说："妈妈，冬天来临的时候，一定要在我们家花园的树上放一个小房子，里面放一些鸟食。"

"为什么要这样呢？"

"因为老师说，冬天有一些小鸟找不到食物会饿死，所以我们要帮它们准备一些食物。"

原来如此。难怪在冬天来临前，德国超市里会放着一堆堆的鸟食出售，原来是要帮助小鸟们度过严寒的冬天。我读到大学毕业，可这种常识却涉猎极少。

对于我来说，是书本与分数陪着我度过上学的每一天，直到我成为小K的妈妈，才知道原来生活中有这么多有趣的事，每一天都有新鲜好玩的事物等我们去发现。德国小学俨然给来自中国台湾的妈妈上了一课呀！

儿子比丈夫还懂市场里的食材

瑞士权威儿童心理学家皮亚杰（Jean Piaget）说："人应在玩乐中学习思考与探索。"

面对德国的生活教育，我开始回想，从小到大我只是"负责"享用餐桌上的菜肴，连蔬菜长什么样子，也是婚后需要经常烹饪，到市场买菜才渐渐了解的。

然而小K到了德国，以他这样的年纪就可以轻易指出那些平时餐桌上，甚至是只有欧洲才出产的连我也不太知道的蔬菜名称。令我讶异的是，只要给他清单，他就可以去超市帮我买菜，甚至比他爸爸买的还准确！

这就是生活。不管书读得好不好，成绩是不是第一名，每个人都需要具备生活能力，这便是生活教育中重要的地方。

在欧洲的孩子，不论男女，从小就要学习烹饪。欧洲生活费颇高，不是每个人都能负担得起天天外食，因此人人都必须学会烹饪，这对每个家庭来说是件重要的事。虽然欧洲超市也会出售熟食，但是学会烹饪被认为是基本的生活能力。

普通小学从二年级开始，就有课后的烹饪课，供孩子选修。小K在二年级时就参加了烹饪课。在草莓盛产的季节，烹饪老师教他们自己动手打草莓奶昔，做草莓果酱；秋天果实成熟时，教他们做杏桃蛋糕，也教他们如何煮好喝又健康的茶。孩子们不但学习烹饪，还学会了选择当季的食材，既有趣又富有知识性。当然，小K学会做的第一道菜还要受惠于我和他爸爸，厨房里的亲子互动其实是相当有趣的，又能增进感情。

在中国台湾，多数的孩子学识丰富，但生活常识略显不足。

除了知识，生活教育也是很重要的。德国的小学在课堂上教会孩子们生活，不仅让学到的知识能在生活中发挥作用，而且能在未来把自己照顾得更好，这才是父母所希望的。

我们在森林里捡的栗子

小K妈妈的教养笔记

教育家杜威所说的"教育即生活"一直是教育的最高目标,而我发现在德国教育中,教育即生活,被真正落实了。

而现在出现许多"妈宝""靠爸族",难道不是父母让孩子过于依赖所造成的后果吗?父母应该让孩子学会生活,他才能在将来选择如何生活。

"玩"就是德国小学生的主修课

> 德国小学课程内容丰富，但并不强求孩子死记硬背。虽然每个孩子学习的快慢不同，但是课程内容生活化，教学设计有趣又不失教育性，因此大多数的孩子都能快乐成长，不会因为成绩问题需要额外补习或是为功课烦恼。"玩"才是他们的主修课，并从中收获更多。

德国小学有很多课程，不但使人好奇，其内涵也非常值得我们思考与应用，其生活化的程度，更令我感到惊讶。

宗教和伦理——另类的品格教育课

小K一年级入学的前夕，我在校务室填着一张又一张入学资料，其中有一项迟迟不知如何填，因为我不懂为什么需要填这一项，后来经过老师说明，才知道是要填入小K的宗教信仰。宗教信仰与小K上学有什么关系呢？

原来，德国的小学每周有两堂课，称为"宗教与伦理课程"，如果是信仰天主教、基督教的家庭，可以选择宗教课程；若是其他信仰或是没有特殊信仰的小朋友，就上伦理课程，学校要求家长自己填写，然后选择其中一项课程。由于小K在懂事以后所接触到的文化都是西方文化，而且了解西方社会与文化，宗教是其中重要的一部分，于是我帮他选了宗教课程。

这样特殊的选课角度是较少见的，起初，我并不知道学校如此安排的理由。就在小K上了3年的课后，我才发现原来这门课能帮助孩子正面思考，更能让孩子保持乐观的处世态度。宗教课上老师用图画、诗歌、歌唱以及说故事的方式讲述《圣经》故事，每周两小时的伦理课程，上课的方式和宗教课程大同小异，只是不以《圣经》作为基本教材。老师还会从故事中延伸出来一些处事道理，在有趣的课程和游戏中教导孩子一些严肃的道理，无形之中孩子也比较容易接受。

德文——按季节编排内容的母语课

德国人重视母语，认为语言是表达与沟通的重要工具，能正确运用母语表达思想，被视为一件重要的事。因此，在德国教育中，德语课是第一重要的课程，即使是外国移民的孩子，要进入小学就读，德文也是第一要求，若无法正确地听、说，一般是无法进入德语小学的，需要先到其他学校加强德文，通过德语测试之后，才能进入德语小学。

在小学的课表中，每周都有6至7堂德语课。除了正式的课程，每天还有习作时间，孩子必须在课堂上练习写字，甚至从小学开始他们就要练习使用钢笔、学习写标准字体。

我也慢慢发现，德国学校在课程安排上简单、有趣且有意义。老师更强调学习生活化，因此在教科书的编排和选择上也都尽量有趣并且贴近真实生活。比如，他们最重要的课程是德文，除了一年级识字、练习造句的初级内容，其他内容都是按照秋天、冬天、春天、夏天的时间编排。用四季当主题，依次融入所有需要知道的字词和知识。每升高一个年级，会学得更深入。

这样的教科书编排，真的好有趣！所以小K很喜欢上学。例如，秋天是一学年的开始，这时候大自然会有什么变化，人们的作息规律是怎样的，都能从课程中略知一二。这不禁令我想起中国人按照二十四节气养生的概念，也有类似的做法。

数学——迅速不代表有思考

数学，也被视为最重要的主科之一，将来是否能够进入好的中学就读，90%由德文和数学这两个科目决定。

德国是科技与工业发达的国家，视数学为一切科学的基础，所以在小学阶段，就非常重视数学的教学，数学课与德文课的比重相当，每周都有6至7堂课。老师的教学方式简单、节奏缓慢，不会要求学生演算的速度，主要是借用各种教具和游戏方法，激发孩子学习的动力。

通常，数学能力好的孩子，虽然不如亚洲孩子演算快，然而他们的逻辑思考能力，往往更出色。

生活常识课程——在中古世纪里玩耍一周

这门课融合了生活、历史、科学、自然等科目,从周围的事物开始探索,认识事物的原理并了解相关知识。例如,教导孩子如何辨认各种植物的生态、动物的习性,并且经常带孩子到森林里观察小动物、植物,了解气候环境。课程内容灵活且丰富。

令我印象深刻的是,小 K 读一年级时,某一周的课程主题为"中古世纪周"。在这一周,学生们每天上课的内容都是关于中古欧洲的各种活动。孩子可以把欧洲中古世纪的生活搬进学校课堂里。老师还教大家用废弃的硬纸板做成古代打仗时所穿的骑士服,并为它喷漆、上色;把淘汰不用的足球洗干净、剪成一半,拿来当作骑士的头盔。孩子们玩得不亦乐乎,不仅了解了历史,还能尽情展现创意。

老师通过饶有趣味的方式,让孩子了解欧洲在中古世纪时的衣、食、住、行、育、乐,将历史重现。难怪孩子在这一周都很兴奋,回到家还滔滔不绝地讲,他今天又学到什么!然而在中国台湾,老师赶课程进度都来不及,怎么可能发生整周都在"中古世纪"里"玩耍"这种事呢?老师注重考试分数,反而容易让孩子失去学习的兴趣。

此外还有"食物周",孩子必须带他们所知道的用麦子做成的东西到学校,并分别介绍。从小学四年级开始,学习生物课程,比如介绍青蛙如何跳跃、青蛙从卵变成蝌蚪再变成青蛙的生长过程、青蛙和蟾蜍有什么不同,如何分辨鸭子的性别等。

并且从四年级开始，会对孩子进行性教育。

这门课包罗万象，每个单元详尽介绍，为孩子将来进入中学打下坚实的基础。为了激发孩子的学习兴趣，老师们绞尽脑汁设计灵活的教学方式，让孩子乐于学习，这是一件值得赞赏的事，而我也在小K每次的分享中受益良多。

劳作和艺术——任何东西都能制作

德国工艺在世界上算是相当闻名的，德国培养出很多优秀的工匠。所以在小学，劳作课程也充满了德式创意。

德国人从小就喜欢自己动手制作，就连教室里的东西几乎也是老师带着学生做的。所以上劳作课时，老师会要求每个孩子都要亲自动手做。老师在圣诞节教大家做圣诞节的摆饰、卡片、蜡烛，也教小朋友绘画、剪纸、画版画等，主要想传达给孩子一个概念——动手做。只要你想做，就要想办法从你周围找到材料，并且完成它。而这些材料最好是废物利用，既省钱又环保！

体育——德国全民爱运动

户外运动似乎是德国的全民运动。德国人喜爱运动，这从很多体育项目的世界比赛中就可以看出来，德国人在许多比赛项目中都名列前茅。所以体育课自然也是他们非常重视的科目，在小学，每周有三节体育课，在小学的第二年还会在体育课中安排游泳课程。

音乐——最快乐的时光

音乐是一门陶冶性情的课程,对孩子来说,上音乐课是最快乐的时光。在音乐课中,孩子们练习唱歌、视谱,到了四年级才开始学习初级的乐理课程。从小 K 回家的表现可以看得出来,他喜欢上音乐课。小 K 在很小的时候,只喜欢听音乐,他对于唱歌并不特别感兴趣,请他唱一两句,他都不肯。当他进入小学,上音乐课之后,到了二年级,他居然每次上完音乐课之后,只要有时间就拿着老师发的歌谱在客厅里唱歌。

我问他:"明天要考试吗?"

他回答:"没有。"

"那你为什么练习唱歌?"

"因为我觉得这首歌很好听,所以就唱啊,这是今天老师新教的歌,我觉得很好听。"

我没想到音乐课居然让小 K 喜欢上唱歌,而且直到现在,他在洗澡或玩积木的时候,也会不自觉地哼起歌来。音乐课可以对孩子有这样的启发,真是太好了!

英文——"听""说"是学习的第一步

德国小学生从三年级开始学习英文,每周有两节课,课时比重不高,一般先学习日常会话,且每个孩子都要开口说,并不着重要求识字,因为语言学习最重要的是听和说,读和写则需要长期培养。语言就是要说,在建立听、说的第一步之后,再开始加强读、写，这样具有相当重要的实用性。

多元化语言学习向来是欧洲教育的必要环节。在欧洲大陆多种族、多语言又人员密切往来的情况之下，多元化语言其实是有需要的。在以前的东德，小学生学的外语不是英文而是俄文，这与政治因素有很大关联，所以很多东德人是懂俄文的。时移物转，现在所有的德国小学生学的外语都是英文，到了中学可以再选一门喜欢的外语学习，大多数人选的是法语。

他们认为学习外语是为了沟通，听和说是最基本、最重要的技能。有些学校从中学开始，会举办跨国交换学生活动，提高孩子的语言能力，也能开阔眼界。在欧洲大陆，学习多种语言很重要，因为多种语言运用得越好，就业机会就越多。

我在拜访一位前东德小学校长时，他说："谈到欧洲国家的教育，我认为最好的是芬兰。以前在东德，我们的教育就是类似芬兰的教育体制。"他还说，"学习多种语言在欧洲是很重要的。在德国，我们是从三年级开始学习英文，但我认为起步太晚。中国从什么时候开始英文教学？"

我笑着说："在中国台湾现在很多家长从幼儿园开始就让孩子学英文了，以正规教育制度来说，应该也是三年级。"

来自中国大陆的 Anna 在一旁补充说道："中国大陆也是这种情况，很多父母连夜去排队抢位子，就是想为孩子找一所优质的双语幼儿园，甚至是全英文授课的幼儿园。"

让孩子从小学习双语甚至多语，对语言的训练与发展应该是有帮助的，但是还要看每个孩子对语言的接受程度，适时给予帮助。有些孩子同时学习双语，是完全没问题的，可以学得又快又好。但多数孩子一次只能学一种语言，需要等母语有了稳固的基础之后，再学第二种语言，甚至第三种语言。所以，为孩子创造一个语言环境，经常使用是非常重要的。

德国小学课程内容丰富，但并不强求孩子死记硬背。虽然每个孩子学习的快慢不同，但是课程内容生活化，教学设计有趣又不失教育性，因此大多数的孩子都能快乐成长，不会因为成绩问题需要额外补习或是为功课烦恼。"玩"才是他们的主修课，并从中收获更多。

> **小 K 妈妈的教养笔记**
>
> 激发孩子的兴趣并让孩子保持高度的好奇心，孩子就会有学习的动力。有了学习的动力，还担心学不会吗？

教室的字母表

小K的留级同学

> "赢在起跑线不代表赢在终点",大多数的德国家长和老师认为,打好基础才是将来制胜的关键。孩子眼前的优秀,不代表他将来一定优秀。务实的德国人,认为基础比什么都重要,没有稳固的地基,再美丽的房子也有可能坍塌。

教育观念的不同,造就不同的教育方式

小K班上有个特别高大的同学,但是在开学典礼上我并没有看到他,询问小K后才知道他是留级生。

"才小学就留级?"我十分惊讶。

后来我才明白,在德国有很多所谓的"留级生",他们留级的原因各不同。有些是老师建议的,因为他们这一年的学习跟不上其他同学的进度;有些是家长认为孩子学习不好,必须打稳根基,因此申请重读一年。

除了跟不上进度的学生,老师会建议重读一年之外,因为父母工作的原因,比如父母外派出国工作一两年再回国,孩子

就有可能留级重读，这并不是件丢脸的事。

在德国人的观念里，留级就表示你对于这一年的课程不够熟悉，所以再读一年罢了，而且把基础打稳一点儿也是一件好事。

在德国，所谓的"品格教育"是融入生活之中的，也来自家庭教育，会在生活里潜移默化让孩子慢慢掌握。在德国小学里，面对学生冲突时，老师会根据平时对每个学生的观察来进行教导，而不是把它当成一个学科来教，而且老师把"行为教养"看得比"学科学习"更为重要。

学生犯了错，即使是严重的错误，老师也不会大声责骂，更不会当众骂孩子制止他的不当行为，而是把孩子叫到一旁，告诉他犯错的原因，让孩子试着理解。

我记得有一次，小K在学校被一个身材高大的孩子打了（也许是一种挑衅行为或是觉得好玩，并非霸凌行为），小K那时的德文还不够好，不知道该怎么办，于是只能向老师求助。老师反问他："你有没有问他为什么打你，并且告诉他不能打人呢？""有啊，但是没用，他还是打我。"小K回答。接着老师把那位同学叫来询问，了解事情的经过。

有时候仅仅是发生了一些小冲突，孩子们打打闹闹之后就忘了，因此老师总是鼓励孩子先自己想办法解决问题。通常，同学间的冲突，有时候是避免不了的，若不是严重的霸凌行为，老师先鼓励孩子自己试着想办法解决，再让双方互相道歉，并且握手言和。老师这样做是希望孩子能够学会自己面对、处理简单的人际关系。

而在我们接受的传统教育中，成绩好坏似乎是评判优秀与否的唯一标准。成绩好的学生，似乎都能得到较多的包容；成绩不好的学生，似乎总是得到不好的评价。因此，在我求学的年代，"留级生"是被认为很丢脸的。但是在德国，"留级生"相当普遍，而且从小学开始就有，可那完全是因为期望落实基础教育，让孩子能够终生受用所考量的。

我有一位德国朋友，他让儿子换了一所学校，儿子原本已经要上四年级，但现在重读三年级。这个小朋友的成绩不好，勉强能跟上学习的进度，原本学校老师建议他可以升入四年级，但是因为他有语言表达的问题，经过医生评估之后，换到另一所特殊学校就读，并且重读三年级。

"为什么让他重读三年级呢？他应该是可以跟得上的，只是表达上有些问题而已。"我好奇地问这位德国朋友。

"我觉得他对于数学一窍不通！"德国朋友笑着说，"打好基础，以后才有跟上的机会，所以我决定让他重读三年级。"

务实的德国人，认为基础比什么都重要，没有稳固的地基，再美丽的房子也有可能坍塌。

在中国台湾，也有父母主张让孩子提前入学，当然这些可以提前入学的孩子相当聪明，但在德国并不鼓励这样做，甚至有些父母因为孩子不够成熟而让孩子晚一年入学。晚一年入学，可以让孩子在学业上驾轻就熟，还能养成独立的行为习惯。

让孩子早一年入学、早一年毕业的意义在哪里？究竟如何教育才能让孩子真正有效地学习？这很值得深思。事实上，求学只是人生阶段性的目标，培养成熟的人格才是教育最主要的目的。

人生很长，没有输在起跑线这回事

不知从何时开始，流行"不让孩子输在起跑线"这个说法。但是在德国，这句话可不是"灵丹妙药"，对大多数的父母不起作用。德国人的教育观点，一如他们对于所有事一样务实，什么样的选择对孩子最好，就让孩子去选择。如果孩子不喜欢学习，或者学习不好，那么可以发展其他方面的能力。对德国人来说，专业的认证比任何文凭都重要。因此，德国的各种技术学校才发展得如此完善和专业。

"赢在起跑线不代表赢在终点"，大多数的德国家长和老师认为，打好基础才是将来制胜的关键。孩子眼前的优秀，不代表他将来一定优秀。

以我自己来说，大学考了3次，因为我偏科，只对自己喜欢的科目用心，因此有的科目成绩好，有的科目成绩差。这在德国人看来，会认为也许我并不适合读大学，应该提早规划，找出一项专长，走别的路比不断重考更好。但在东方，我们通常不知道如果不读书还能做什么。

起跑线真有这么重要吗？德国的基础教育，首先要求的是孩子都能跟得上。

曾有一个美术老师告诉我，他教过一个美术班的孩子，那孩子考上了一个评价很好的高中美术班，到了三年级时，孩子觉得自己的基础不好，因此经过父母同意后，自动留级一年。最后，她考上了台湾大学的美术系。所以说并不是孩子做不到，而是父母是否愿意给孩子多一点儿时间去了解自己。就如著名教育家洪兰教授所说的："人生很长，没有输在起跑线这回事。"

学习是重要的，大多数的德国人希望孩子自由发展，对于拔苗助长让孩子超时学习的方式嗤之以鼻。德国人认为，学习固然很重要，但行为的引导也不容忽视。留级一点儿也不可耻，只是为了让孩子将来的路走得更扎实。

教室一景

小 K 妈妈的教养笔记

学习是重要的,大多数的德国人希望孩子自由发展,并不认同拔苗助长的教育方式。德国人认为,学习固然很重要,但是行为的引导也不容忽视。留级一点儿也不可耻,只是为了让孩子把学习基础打稳。

德式教养的自律训练

> 惩罚的目的是希望孩子改正错误的行为,而不是让他丢脸。在德国的教育中,不是告诉孩子不能犯错,而是用严肃的态度让他正视自己的错误,然后改正。老师会温和地劝说孩子而不会人身攻击,除非孩子有严重的暴力行为,老师才会通知家长,否则家长绝不轻易介入。

捣蛋鬼的脏话事件

小K上二年级的时候,有一天晚上,同班同学的妈妈米米打电话告诉我,小K在学校做了一件错事。我和米米很熟,也是很聊得来的朋友,但我很紧张,通常她在晚上打电话给我一定有重要或紧急的事。我急忙问她,究竟我们家那个捣蛋鬼在学校做了什么令人震惊的事?

米米说:"他今天在学校'写'脏话。"

咦,写脏话?一般不是说脏话吗?什么叫作"写"脏话?什么意思呀?

听了米米的描述和小K的"口供"之后,我了解了事情大概:

那天大家一起在教室写作业,小K写完作业后,和同学马克斯写纸条玩。马克斯因为无聊，一时兴起，写了一句脏话故意骂小K，小K不甘示弱，也写了回去，马克斯又写了回来，一来一往，两人以互"写"脏话、骂来骂去为乐。紧接着后面的两个女生把纸条抢走了。

"你们竟然写脏话！"女生一边叫着，一边跑去把纸条交给老师。"乐于揭发"这个行为倒是全球一致呀！就这样"东窗事发"了。

米米忧心地问我："小K怎么会知道这些字呀？"我猜他是从翻译成德文的好莱坞电影中偷学来的。

惩罚是为了让孩子改正，而不是让他丢脸

第二天，老师也告诉了我这件事，我十分欣赏老师的处理方式。

看了纸条之后，老师并没有生气，她把小K叫到跟前："这是你写的？"小K点点头。

老师说，他写的那些脏话很"高深"，一般这年纪的小孩很少用，而且他平常也不说脏话，问他怎么会写出来呢。（因此我严重怀疑那些字，估计小K也不怎么懂，只是碰巧学到拿来用用罢了，只知道那是骂人的话，不知道说出来的后果会如何。）

老师又说："你去把字典拿过来。"小K心想完蛋了，这下不知道会被怎样处罚，只好认命地去拿教室里的字典。

老师和蔼地告诉他："你在字典里查查这些字。"小K照办查了起来。

小K查了许久都查不到，老师又问他："找了那么久，你找到了吗？"小K摇摇头。老师请他放下字典，告诉他："字典里没有的字，就是不好的字，不能用，你知道了吗？"小K点点头。

老师接着说："以后不可以再写了，因为你犯了这个错误，所以你这学期的操行成绩没办法拿到1。"（在德国，成绩1相当于A）

老师没逼问小K这些脏话是从哪里学来的，只告诉他这些字不能再用，是不好的字，也给他和马克斯适当的处罚——操行成绩被扣分，并告诉他们会通知家长，给他们留了面子和反思的空间，让他们学会做错事就要承担后果。

德国人在生活细节与习惯是非常严谨的，所以遇到孩子犯错时也会适时地教育孩子，让孩子记住错误，绝不再犯，让他们学会做错事就要承担后果，但在严谨的同时也会顾及孩子的自尊，让他们学会"反省"。这让我回想起小时候犯了错，老师总是在全班同学面前骂我，当时我只觉得丢脸，反而不曾深究自己的行为，所以同样的错误总要犯了许多次以后才会改正，也让大人误以为"你怎么老是教不会""你怎么总是不听话"。

针对小K的脏话事件，老师采取这样的引导方式，此后，我再也没听过或看过小K说或写脏话了。

惩罚的目的是希望孩子改正错误的行为，而不是让他丢脸。体罚或特别严厉的惩罚，只会让孩子更害怕犯错，甚至掩盖错误。

在德国的教育中，不是告诉孩子不能犯错，而是用严肃的态度让他正视自己的错误，然后改正。老师会温和地劝说孩子而不会人身攻击，除非孩子有严重的暴力行为，老师才会通知家长，否则家长绝不轻易介入。

孩子品格的塑造在小学基础教育时期是十分重要的，这也给身为父母的我们上了一课。

别给孩子挑战大人极限的机会

另外还有一次，在早晨的上学途中，我看到一个四五岁上幼儿园的小朋友，走着走着就摔倒了。小朋友大哭了起来，他的妈妈知道孩子摔得不重，可能就是想耍赖，于是告诉他："宝贝，摔倒了没关系。你很棒，自己爬起来。"

那个小孩硬是不肯，坐在地上耍赖、大哭："我好痛，妈妈抱我！"

当时经过的行人都在看发生了什么事，为什么有个小孩哭得那么大声。

那位妈妈不为所动，站在离孩子 5 米的前方和蔼地说："妈妈在这里等你，你自己站起来。"妈妈十分坚持。

孩子在地上耍赖快 10 分钟了，他的妈妈就一直站在那里，等他自己站起来，同时说些鼓励的话。僵持了许久，妈妈又跟他说："宝贝，赶快爬起来，不要哭了，上学要迟到了哦。"小孩终于认输，眼角还挂着泪，乖乖地爬起来，跟着妈妈上学去了。

我真佩服那位妈妈的耐心和坚持自己的教养原则。

训练孩子独立和为自己的行为负责，德国人认为这是必要的事。而我也相信，那个小孩以后不会再这样耍赖。孩子是聪明的，他知道母亲不会轻易妥协，耍赖是没用的，摔倒了就自己爬起来。

曾有一位德国妈妈跟我说："对待小孩，要事先和他约法三章，事后绝不妥协，孩子就会慢慢知道，什么是可以做的、可以商量的，而哪些是不该做、不能做的。他们也会知道，父母绝不会轻易妥协约定过的事情。"

德国人普遍认为，必须明确地让孩子知道什么是可以做的、什么是不可以做的，否则孩子就会不断挑战你的忍耐极限。

大人向孩子道歉并不稀奇

不仅是老师，家长也要学会控制自己的情绪，给孩子关爱而不溺爱，并且要给孩子"像大人一样的尊重"。

因此，即使是父母，做错了也要说"对不起"，并且把"请""谢谢"挂在嘴边，每天早晨遇到邻居和老师，都要说声"早安"，见到人要打招呼等。

德国孩子得到父母的爱护和尊重，参与家庭的各项活动时可以提出自己的意见，但不是坚持己见，而是与家人一起讨论。

比如，购买哪些家用电器，如何布置房间、处理家务等，孩子都可以与父母一起讨论。父母也愿意倾听孩子的意见，并且鼓励孩子一起刷油漆、组装柜子、种花、布置房间等，父母也要充分肯定孩子正确的想法和行为。

有人说，德国人把孩子看成一粒种子。孩子需要自然的生长环境，不可过于控制，要尽量给孩子多留一些自由发展的空间。德国人注重"个人空间"，但是在餐桌礼仪方面，对小孩却有严苛的要求。例如，吃饭时嘴巴不可以发出声音；刀叉也尽量不能发出碰撞的声音，若是不小心碰到，一定要向同桌吃饭的人说声"对不起"；进餐时不能随意打嗝；吃完饭要离开前，必须征求同桌其他人的意见，"我可以离开了吗？"等。

这些小事，就是德国人每天都严格执行的家庭餐桌礼仪。

团队合作与物归原位的重要性

在德国长大的孩子，必须学会如何做决定、如何妥协、如何与团队合作、如何与人交涉。因为德国人很重视整体的合作关系，凡事要以团体利益为先，所以学校重视并训练孩子合作。

此外，老师也会训练孩子养成处事独立并且物归原位的习惯。例如，在学校玩玩具后必须自己整理好，放回原来的柜子里。久而久之，孩子便养成了习惯。有了这样的习惯，大家便不必再浪费时间找玩具，也不用再回想上一次究竟是谁最后玩的，因为东西总是在它原来的位置上。

一板一眼的德国人，认为守纪律是成功的要素之一。有纪律才有毅力，才会成功。老师帮助孩子在学校养成良好的生活习惯，这是迈向成功的第一步。学校与家庭互相合作，一起协助孩子成长，比送孩子去补习班的效果更好。

> **小 K 妈妈的教养笔记**
>
> 追求自由的同时,更需要遵守纪律。虽然德国人一板一眼的程度经常令人瞠目结舌,感觉不可思议,但是,在纪律之下的要求,却是相当符合人性的。

不必自习的读书之夜

> 一个德国朋友曾经问我:"你的孩子喜欢看书吗?"我说:"喜欢。"于是她肯定地告诉我:"喜欢看书的孩子,学习一定没问题!"因为他们相信,不论哪一种语言基础,学习都是从阅读和听故事开始的。

体验"彻夜阅读"的乐趣

小K的学校,每个学期都会举办一个让孩子既期待又喜爱的活动——"读书之夜"。

读书之夜,可不是我们认知中的"晚自习",否则晚上留在学校辛苦地读书,有什么好期待的?一开始,我真的以为"读书之夜"就是我们所说的"晚自习",其实不然。

小孩之所以会期待,是因为这一天晚上会在学校过夜。孩子们想的并不是可以在学校"彻夜阅读"这件事,而是大家一起在学校过夜,体验阅读的乐趣。这个读书之夜,通常会安排在星期五。

读书之夜这天,孩子们下午放学先回家,大约在晚上五点半就必须回到学校,带着睡垫、睡袋、小台灯、枕头等,到教室找到自己想要睡的位置,铺好床。然后带着自己的借书证,跟着老师到附近社区图书馆去找一本自己喜爱的书，带回学校。

晚餐后就正式开始进行"读书之夜"的活动。大家先看从图书馆借来的书，然后每个孩子轮流分享自己选读这本书的理由和故事大纲。之后，打开自己的小台灯继续享受阅读的时光，直到就寝。

孩子们在这一天往往特别兴奋，不管是不是爱读书的孩子，都觉得这是一件很新鲜、有趣的事。用这样的活动来抛砖引玉，鼓励孩子们阅读，培养他们对阅读的兴趣。

阅读是学习写作的基础

每当有人告诉我，"我的孩子不喜欢写作文"，我会反问，"那么他喜欢阅读吗？"所得到的答案不一。

很多父母过于担心自己的孩子输在起跑线上，因此会要求很快"看到成果"。然而，多数父母都忘了，其实写作文的基础是阅读。只有长时间的培养，才可能会有所效果。

阅读和写作，都不是一蹴而就。

以我们家为例，虽然小K接受的是德国教育，后来改到以英语为主的学校，大约四五年级时，他的英文阅读能力已经可以达到七八年级的水平。主要的原因是：小K认字是从英文开始的，而他的阅读能力训练自然也是从英文开始的。

我们并没有要求小K花很多时间在英文上，只是希望他不要荒废了在英国时好不容易掌握的英文。在德累斯顿，英语不是主要沟通语言，我们只好为小K找了一个家教，这个家教的主要任务就是每个星期来家里陪小K"玩耍"，巩固他之前在英国积累的英文基础，毕竟英文在国际上仍是重要的沟通语言。

这个家教是美国人，是我德文课的同班同学，她的住所离我们很近，所以请她来帮小K上英文课。家教老师嫁到德国，但每年要度假两三次，每次为期两周，还偶尔要回美国一个月见见家人，所以小K的英文只能缓慢进步。

除了听和说，我们还想提升小K的英文阅读能力。我们想起了在英国时购买的一套书，每本书只有短短的故事，我们决定让他用朗读的方式去练习英文发音。但是孩子自己朗读会很快失去兴趣，而且在开始的时候，即使他读出了书中所有的字句，可能也只是一知半解。因此，我们采用游戏的方式，让他读一次，爸爸再读一次。

当小K读完，我们再用讲故事的方式将小书的内容说一次给他听。渐渐地，经过一段时间之后，小K开始独立读这些小书了，在他无聊时，就会随手拿起一本书看。小K看懂这些小书后，建立起成就感，有时上英文课还会跟老师聊聊书的内容。如果他用错了词，英文老师也会加以纠正。就这样，他慢慢地建立起英文阅读能力，提高了信心。

除了家长的陪伴和要求之外，在德国以及其他许多欧洲国家，学校和老师对于培养孩子的阅读习惯也是不遗余力。

喜欢看书的孩子，学习一定没问题

我小时候很喜欢看课外读物，但是当时的课外书没有现在这么多，零用钱也有限，所以会尽量到图书馆借书看。有时候，我会用阅读消遣整个暑假时光。我的阅读和写作能力，也是通过看课外书慢慢建立起来的。小时候，我很讨厌看课本，总是爱看被父母认为"没有营养"的课外书。到国外之后，我发现国外的孩子竟然就是从阅读课外书开始培养阅读能力的，而且不会受到责骂，反而会受到老师和父母的赞赏。

一个德国朋友曾经问我："你的孩子喜欢看书吗？"我说："喜欢。"于是她肯定地告诉我："喜欢看书的孩子，学习一定没问题！"因为他们相信，不论哪一种语言基础，学习都是从阅读和听故事开始的。在德国人的观念里，培养孩子的阅读习惯，是学习一切知识的基础。

回到中国台湾后，我看到很多小朋友补习作文，也有朋友建议我加入教授作文的行列。其实写作是一件快乐的事，但也是一条漫长的路。想要写出好文章，就要从阅读开始。

阅读不是一种口号，最好的方式是由父母陪伴开始阅读。一旦养成读书的习惯，将会终身受用。许多父母把孩子送进作文班，期望短期内就可以看到成果，但这并不容易。如果想要孩子写出好文章，首先要做的就是培养孩子阅读的习惯。试想，没有阅读的积累，如何能写出一篇好文章呢？

要培养孩子的阅读习惯，去图书馆是一件必要的事。

在德国，孩子从小就去图书馆看书，而阅读习惯是从幼儿时期开始培养的，并会一直延续到成年。我经常看到在电车上、火车上，甚至是正在做日光浴度假的德国人，拿着一本书或是报刊阅读；即使是推着婴儿车、晒着太阳的妈妈，也会随时读书给孩子听，来安抚孩子的情绪。

有一次，我搭乘电车进城，看见坐在我前座的老太太，带着还是学龄前的孙子，在坐车的途中，老太太低声为孙子朗读故事。这种阅读习惯培养无所不在。等到孩子真正养成阅读习惯之后，学习自然没有问题了。

不午睡，就听故事吧！

在德国，培养孩子的阅读习惯，不是老师和父母其中一方的责任，而是双方共同的责任。他们用鼓励却不强迫、引导却不强硬的方式让孩子多阅读，这令我印象深刻。

我记得小 K 上一年级时，在午休时间，辅导老师会每天不间断地为没有午睡习惯的孩子读《格林童话》。这是孩子将来认识文字、读书和写作的重要基础。如果阅读这件事已经变成自然而然的习惯，父母就没有要求孩子"去看书"的必要了，孩子自己就能在书本的世界中找到阅读的乐趣。

除了学校的图书馆，城市的很多区域都有图书馆，可以免费借阅各类童书、绘本、DVD 等。很多学龄前小朋友的妈妈，会带着孩子在图书馆里消遣时光，讲故事给孩子听，或者和孩子一起看绘本，引导孩子进入书的世界。

每个城市都有图书馆，图书馆是很多德国孩子认识书的第一个地方。在我们居住地的地区性图书馆还为孩子准备了特殊座椅，让孩子对于阅读充满兴趣和向往。

在中国台湾也可以找到各种各样的书籍，内容包罗万象，但使用率却没有欧洲图书馆高。著名教育家洪兰曾提道:"只要有兴趣就看书,不必问能带来什么好处。知识是相通的,知识会吸引更多的知识,使学习新知更容易。"

我们常会不自觉地、有目的地去要求孩子看书,为了让他们获得知识,其实看书也可以只是兴趣!怎样让阅读变得有趣,怎样让孩子产生兴趣,是培养阅读习惯的关键。每个人都是如此,试想谁会想看没有吸引力的书籍呢?

德国小学用"读书之夜"来培养孩子的阅读兴趣,这是一个很不错的方法。阅读是开启知识的大门,也是奠定写作能力最重要的基础。培养孩子的阅读习惯需要父母和老师的引导,很多父母自己都不愿意看书,如何要求孩子自己去发现书中的黄金屋呢?

若你的孩子对阅读感兴趣,我相信,他们可以从中收获更多,走得更远。

小K妈妈的教养笔记

狄更斯曾说:"书使我幻想灵活,使我的希望驾越时空。"阅读不但对写作有潜移默化的影响,而且对于孩子的想象力有实质的影响,阅读更是培养孩子学习知识的基础。

德国全年无休的公立安亲班 ①

> 大部分的孩子会留在学校直到下午 4 点,有的则因为父母工作的关系,最晚到下午 5 点。学校这样的"服务"几乎是全年无休的,寒暑假也不例外,只有圣诞节等重要假期,学校才会关闭安亲班。这让许多双薪家庭受益。

全年无休的安亲班

在我的印象中,在中国之外读书的孩子通常没有什么压力,每天都是玩、玩、玩,作业很少,甚至根本没有,中午就放学回家了。

德国小学自然也是如此,一般每天上午七点半到中午 12 点是上课时间,虽然每所学校的上课时间不尽相同,但所有的课程在中午之前一定会结束。

在德国西部,很多妈妈不上班,因此小孩放学后就会直接回

---

① 德国的公立安亲班提供给 6 ~ 10 岁的小学生,是在一般教学时间之外,让学生在学校里受到照应的一项辅导措施。

家；而在德国东部，多半是双薪家庭，因此学校设置了安亲班。

在我们所居住的德累斯顿，小学下课后，大多数的学生留在学校的安亲班，由老师指导孩子们写作业，写完作业后可以继续玩耍。每个学期刚开始的时候，学校会给家长一张通知单，家长需要填写孩子留在学校的时间。孩子由父母接送、祖父母接送，或者自行走路回家，都必须写清楚，以便安亲班的老师知道每个孩子的情况。

大部分的孩子会留在学校直到下午4点，有的则因为父母工作的关系，最晚到下午5点。学校这样的"服务"几乎是全年无休的，寒暑假也不例外，只有圣诞节等重要假期，学校才会关闭安亲班。这让许多双薪家庭受益，也让专职带孩子的母亲多出了属于自己的时间，孩子也可以和同学一直玩到下午。

小K就读的这所德国小学，安亲班的运作也是常态化的，安亲班的老师会协助孩子处理生活上的问题，而任课老师则以孩子的学习为主。

安亲班没有固定的课程，孩子写完当天的作业之后，便可以在学校内自由活动，可以玩益智游戏、下棋、玩乐高、阅读、画画，天气好的时候，可以到户外打球、骑车。在夏天到户外玩水，冬天下雪的时候，还可以穿上厚重的外衣，拉着自己的雪橇玩雪。

虽然德国没有像北欧国家一样有长达近半年的冬天，但是冬天下雪的时间也不少，因此在冬天玩雪是孩子最大的乐趣。在下雪的日子里，只要室外的温度适合，老师就会让孩子到户外玩久一点儿，这样能充分锻炼孩子的体力，而不是总坐在教室里读书、学才艺。除了上课时间，德国小学的孩子可以说几乎都在玩，因此大多数的孩子很强壮，即使不到强壮的程度，体能也都不错。

作业到底是什么？

我记得小 K 上小学的第一天，放学回家后，我问他："今天有没有作业？作业是什么？"

结果小 K 一脸茫然地告诉我："我不知道。"我简直要昏倒，"那么你这一天在学校做什么呢？"

"上课呀。上完课，中午吃完午餐要睡觉，然后出去玩，接着你就来接我下课啦。"儿子认真地回答。

"那有作业吗？"我又问。

"有的。"

"是什么？"

"不知道，但是我写完了。"我实在哑口无言。上了一整天的课，根本搞不清楚在学校干吗！这样下去到底行不行啊？

"那你都听得懂吗？"我很担心地问。

"懂。"他继续回答。

懂？那怎么都说不出来呢？真是把我搞得一头雾水。

后来我只好鼓起勇气，用超级简单的德文（妈妈的适应力都是被儿子训练出来的）到学校去找老师了解情况，我终于明白，原来是我自己太过紧张了。

孩子的作业基本上要在学校写完，写不完的再带回家写，但

德国小学生的课外活动表 [1]

星期一	快乐音乐教室
	道路交通安全
星期二	室内运动
	国际象棋 / 入门班
	国际象棋 / 进阶班
	舞蹈
	作业课后辅导
	日文
	陶艺
星期三	道路交通安全
	拉练
	桌上游戏
	艺术—14 天
	摄影和制作电影—14 天
	计算机教学游戏—14 天
	双人羽毛球
	实验
	电子琴、键盘乐器 / 吉他（入门班）
	创意雕塑
	烹饪与烘焙
星期四	道路交通安全
	合唱团
	手工艺 / 陶艺—14 天
	自卫
	手工劳作
	英文
	双人羽毛球
	烹饪

---

[1] 此为简略版本。德国的课外活动表上同时还会写上年级、教室、上课时间、授课老师、开始上课的日期等。

是在德国一般不会有"写不完的作业"。如果有不懂的部分，安亲班的老师会给予指导，因此根本不需要担心作业的问题。只需要抄抄联络簿，记住第二天要带的作业本和其他需要的东西就可以，孩子连课本都可以不用带回家。

这对于我们这种不太会讲德文的家长有极大的帮助，只需要看孩子是否写完作业，至于写对或写错，全靠老师指导，如此我也能轻松。后来我发现，因为我不干预太多学校功课的事，小K都会自觉地写完作业，有不懂的地方，我就请他问老师（因为问爸爸妈妈是没用的，我们的德文程度还不如他呢）。久而久之，孩子养成了对自己负责的态度和"敢问"的精神，更肯定了自己的德文水平。

由于一年级是没有考试的，所以他过得轻松自在，每周五也没有作业，真正是快乐学习。

培养兴趣，是为了让孩子找到生命的寄托

由于德国小孩几乎是在玩耍中长大的，并且喜欢户外活动，因此有些家乡的朋友好奇地问我："德国小孩学才艺吗？"这是个有趣的问题。

其实小K刚开始进入小学就读时，我并没有想到让他学才艺，我只希望他可以跟上德文学习的进度。过了一学期，小K已经完全适应小学的生活，我才开始思考他需要上哪些才艺课。

但是我发现，德国几乎没有专门的才艺班，学音乐大多是孩子有兴趣，或者有特殊的音乐天赋，家长才会让孩子学习，因此

课后的时间大多是可以自由玩耍的。

如果体能训练也算是一种才艺，我倒是看过一个朋友（她在西德出生长大，德国统一之后，嫁给了在东德出生长大的丈夫）带孩子到体能训练班，每周一天到体育馆接受各种体能训练：跑、跳、柔软度训练等。她说，很多东德的奥运体操选手就是从这样的训练班中发掘出来，加以严格训练而扬名世界的。在西德几乎没有这样的体能训练活动。

有个朋友的女儿很喜欢马，她的书包、书桌、文具、玩具、房间等到处都印上各种不同的马，很多T恤衫上也要印上马的图案。因为她太爱马了，所以她的妈妈为她在附近的马场找了教练，教她马术。

还有一个家庭，父母都是音乐老师。在耳濡目染之下，家里的每个孩子都学乐器：老大5岁，学手风琴；令我印象很深刻的是老二，名叫提姆，他个子很小，爱说话，才三岁半，他的"专业"竟然是中提琴！我曾经在音乐会看到提姆，双脚夹着小号的中提琴，有模有样地跟哥哥合奏，十分有趣。

一个中学女生，她的爷爷很喜欢拉手风琴，并且技艺很好。爷爷很疼爱孙女，在孙女5岁生日的时候，送给她一个玩具手风琴当作礼物。她上小学后，母亲问她想学什么乐器，她竟然说只想学手风琴！想必是遗传了爷爷的天赋和那个小礼物所带给她的启蒙吧。现在她15岁了，虽然中学的学习负担重，但她还在学手风琴，坚持不懈。

在德国，孩子学才艺，完全是凭自己是否感兴趣，并不是看到别人学什么，自己也跟着学什么。他们感兴趣，才能学得好，学得长久。从来没有父母强迫孩子学才艺，所以不会出现剑拔弩张的亲子关系。

而除了玩耍、自己喜爱的才艺之外，孩子在每个学期都可以参加不同的社团活动，我们称之为 AG。AG 的项目很多，并且每学期都不尽相同。比如跳舞、合唱、足球、桌球、烹饪、陶土、西洋棋、电子琴、吉他等，各种项目丰富多彩。有一年我还在 AG 的目录上看见有日文课和俄文课呢！当时我就想，为何不请我来上中文课，岂不更好？

孩子像这样没有压力地去参加一些课后活动，能够启发他们的兴趣。有些孩子持续钻研感兴趣的领域，后来将该领域作为其职业方向，也有孩子因此终身受益。

如果能从小培养孩子的兴趣，不为任何目的与成果，反而可能为孩子开拓另一片广阔的天空。因此在为孩子选择才艺之前，不妨先问问孩子的意见吧。

> **小 K 妈妈的教养笔记**
>
> 从各种尝试中找到自己最想做的事，比有没有才艺更重要。

每个人都要具备"说故事的能力"

> 在西方，不论对错，都鼓励学生说出自己的意见。若是意见不同，学生们就进行讨论，老师也会从旁指导。经过这样的讨论，学生可以快速吸收知识，印象深刻。亚洲学生习惯于单向吸收知识，很少提出疑问。在这样一个快速交流且国际化的世界里，沟通是非常重要的一件事。沉默，只会让人错失很多机会。

表达能力从"敢言"开始

表达能力，是未来竞争力的重要决定指标之一。表达能力往往是亚洲学生的最弱项，亚洲学生可以"写"得头头是道，成绩也可以名列前茅，但是上台讲话时就结结巴巴得像个孩子一样。

小时候总以为演讲、上台讲话是与生俱来的能力，有人强、有人弱，是天生的，无须勉强。但是到了欧洲之后，我才发现其实错了，表达能力不是最重要的，后天的培养才是关键。

自从搬到欧洲，成长了30多年的我才第一次发现表达能力的重要性。丈夫在英国读MBA（工商管理硕士）的时候，每到开学，教授都会列出10多本书单，让学生把这些书找来并看完，教授只是大致讲解，然后会让同学们发表意见或讨论。

此时大多数的亚洲学生都是沉默的，因为大家不擅长发言，也都怕说错了丢脸，所以与其说错，不如沉默。反观很多西方学生，他们滔滔不绝，不管对错，都表达出自己的意见。

这充分表现出东西方教育的不同。在西方，不论对错，都鼓励学生说出自己的意见。若是意见不同，学生们就进行讨论，老师也会从旁指导。经过这样的讨论，学生可以快速吸收知识，印象深刻。有时候老师也可以从学生不同的观点中，发现新的方向。

也许你会觉得这是大学的上课模式，但在欧洲却是从小学就开始了。亚洲学生习惯于单向吸收知识，很少提出疑问。在这样一个快速交流且国际化的世界里，沟通是非常重要的一件事。沉默，只会让人错失很多机会。

列入成绩考核的"说故事的能力"

在德国，从小学开始，老师便不遗余力地培养和训练孩子的表达能力。

儿子上小学二年级的时候，有一次老师为大家选读了一则童话故事，篇幅不算短。老师先让学生们朗读然后再解说。孩子们充分了解故事内容后，老师将长长的故事分成许多段落，再分配给孩子们并让他们回家熟读故事，一周后上台说故事。

这种说故事的方式，是采用接力的方式，每个人不可以照着故事内容背诵，而是必须完全了解并熟读故事之后，用自己的话把故事说出来给大家听,这样可以训练孩子的胆量和说故事的能力。老师很贴心地让学生选择,是站在自己的座位上说故事,还是到前面用演讲的方式对大家说。唯一的要求就是,每个人都必须完成这项作业,然后会得到一个成绩。

这不但能训练孩子在大家面前说话的胆量,也能训练孩子的逻辑表达能力,怎样说话有条理,怎样让这个故事在你的叙述之下,别人可以听懂并感兴趣。这种说话能力不是天生的,而是在一次又一次的练习中慢慢训练出来的。

有效率地与人沟通

在平常的课堂时间,老师总会鼓励孩子表达自己的意见,让孩子慢慢建立说话的信心,掌握自我表达和叙述事情的能力。与人有效率地沟通,在德国人眼中是件重要的事。

训练孩子的表达能力,除了书写,还需要广泛阅读以增加表达内容。更要尽量让孩子有说话的机会,耐心地听孩子说完话,不要急着打断孩子或帮他接话。让孩子表达出自己的想法是件重要的事,久而久之,孩子对"表达"有了信心,说话自然言之有理、头头是道了。

口语训练,最简单的方式就是从朗读开始。在德国,老师相当重视朗读。朗读不仅可以培养说话技巧,训练表达方式,还可以熟悉单字、词语以及句型的用法,因此老师经常建议家长,让孩子在家里大声朗读他们感兴趣的故事。

"听"和"说"是一体的,所以表达能力就是通过这样的方式慢慢培养的。逻辑性的思考，也可以从说话的条理性反映出来。

现代社会是合作的社会，与人沟通频繁，只有拥有良好的表达与沟通能力，才会保持一定的竞争力。

> **小 K 妈妈的教养笔记**
>
> 说话也是一种重要的能力，并且是可以培养的，然而我们却经常忽略了它的重要性。能够准确地用语言表达自己的想法，是未来必须具备的一项重要沟通能力。

训练孩子体能的课外活动

> 德国人允许孩子尽情地玩、尽情地锻炼体能。他们相信，有了强壮的身体，学习会更有效率。

每个城市都有小小足球队

运动和体能训练，是德国教育中相当重要的环节，他们鼓励孩子做各种健康或接近大自然的运动，四季皆然。踢足球、骑自行车、游泳、健行、登山、玩直排轮滑……，任何一种户外运动，他们都鼓励。孩子的精力旺盛，通过这些运动，不仅让他们学习了运动精神，也培养了强健的体格。

德国人喜欢运动，也重视孩子的体能训练。因此在学校，只要天气条件允许，大部分的小孩都是在户外活动。

德国的小学规模一般不大，在有限的空间里，他们仍然会留出一大片的空地，或是足球场、运动场之类的空间，供孩子们活动。

欧洲人喜欢足球，有时候到了无可救药的地步。而德国队在欧洲杯、世界杯的比赛中，成绩相当优秀，在世界足坛占有非常重要的地位，我想这和国家的大力提倡有很大关系。

小小足球队比赛

比赛后合影

很有气势的小小足球队

小 K 四五岁就玩足球、踢足球。到了德国之后，在一个西班牙友人的介绍之下，加入了附近的一支足球队。在德国，每个城市都有足球队，从 6 岁开始的分龄球队更是数不胜数，光是德累斯顿这个城市的足球队就有十几支。每个社区的住家附近，都有球会组织球队，孩子可以加入练习足球的队伍。

小 K 是在 6 岁时加入这支小小足球队的。每个星期一下午 5 点至 7 点，是这个小足球队的训练时间。每次整整两个小时，风雨无阻。

小 K 的教练奥图先生，是个退休的职业足球运动员，已有 75 岁高龄，但他不畏风吹日晒，每周都在球场上陪这些孩子练球。

在足球场上，奥图总是神清气爽的，大声对孩子喊着，提醒他们注意球和队友的活动。德国孩子踢足球，除了好玩之外，教练非常注重踢球、传球以及团队合作的技巧。即使孩子只有五六岁，教练也要求他们对踢球抱着认真的态度，因此在德国几乎没有"因下雨取消足球比赛"这种事。只要场地还可以踢，不会影响到健康和安全的情况之下，绝不会延后或取消比赛。

德国人的足球精神，是从小在足球团队中渐渐养成的。

德国没有取消比赛这回事，赛事是风雨无阻的

每一赛季教练都会为自己的小小足球队寻找比赛的机会。孩子还小小年纪，就开始像正式球队一样拥有比赛的经验，每一场球赛比下来，几乎就是一整天的时间。因为孩子年纪尚小，因此每一场的出赛时间是 15 分钟，交叉比赛，最后给胜出的队伍颁奖。

比赛流程冗长，这样一天下来，我们这些作为观众的家长都已经疲惫不堪，更何况是在球场上比赛的小球员呢？在这一天当中，他们虽然消耗相当大的体力，却无形中考验和培养了他们的耐力。

在德国像这样的业余足球队数不胜数，而进入足球职业队或是德国国家队却不容易。

那么，孩子参加球队培训，需不需要费用呢？

小K加入足球队的费用很低，一年下来只要约60欧元，在德国这样高消费的国家，算是非常低廉的花费。

而费用之所以会这样低廉，是因为政府给予足球运动大量补助，对于全国的这些小选手给予很多的优惠，希望在这些小选手之中，将来有人会成为德国足坛上的明日之星，更希望不遗余力地推广这项全民运动。所以不论小选手参加哪一队，所需的费用都不会相差太远。

在德国，除了小男生爱踢足球，还有很多小女生加入足球队。由于年纪小，可以男女混合、混龄踢球，等到了一定的年龄，女生就必须加入女子足球队了。一般小孩从五六岁开始，就可以加入足球队，父母会为他们找一支离家近的球队，作为一种爱好和体能的培养。无论刮风、下雨或下雪，球队都正常训练，正所谓"风雨无阻"。

让我印象深刻的是，一次在球训时忽然下起了雨。起初，教练根本没有喊停的意思，大家继续在细雨中踢球，后来雨势越来越大，而教练只是让小朋友们在一旁躲雨，等雨势稍歇，继续踢球。

我们需要的就是这种坚持的精神！有次我问德国的朋友：

"下雨会取消足球赛吗？"朋友笑着回答："除非雨大到看不见球，否则在德国没有取消比赛这种事，足球赛是风雨无阻的！"

由此可知，在德国，运动精神都是从小开始培养的！

小学一年级的迷你马拉松

除了踢足球，学校还会用各种方式训练孩子的体能。

小K上一年级的时候，有一天回家后告诉我："妈妈，我们今天去跑步，从学校门口开始跑，跑了好久，绕了整个Klotzsche[①]，好累啊。"

其实这样的区域光是走路绕一小圈，就得花一小时，而他们居然用跑！

我曾听说德国小学重视体能训练，没想到在小学的第一学期，就让我见识到了，学校让孩子们跑迷你马拉松！我们所居住的地方是在德累斯顿市郊的一个社区，这个区域不大也不小，但学校居然安排孩子们绕整个区域跑步，这不就是迷你马拉松吗？

孩子们花了一早上的时间，可以跑全程的就跑全程，如果体力不够好，走回学校也可以，他们才上小学一年级，就跑迷你马拉松，真是好厉害。这是孩子体力上的一大挑战，只有锻炼好身体，才不用担心经常生病，在学习上才更有精神。

---

① Klotzsche 是我们居住的区域名称。

森林里长大的孩子

除了跑马拉松，德国孩子也习惯森林健行。

每天课程结束之后就是所谓的安亲班，安亲班会在每个月安排一天的下午大约三四个小时的时间，由老师带领孩子们到森林里去健行。那一天，家长必须为孩子准备一些点心、水，可防寒、防雨的衣服，跟着老师、同学们一起到森林里去玩。

在森林里，孩子除了可以跟同学们一起玩之外，老师会提醒大家，在野外森林里必须注意哪些植物，如何在野外保护自己的安全，教大家认识森林里的植物、动物等。老师还会讲一些关于森林的小故事呢！

就这样边走边玩，小朋友一点儿也不觉得累，无形中练就了一身好体力。即使有时回到学校，大家都被雨淋得很狼狈，也丝毫不影响他们在森林健行的兴趣。

一天骑 40 公里的小骑士

在德国，骑自行车可以说是每人必备的一项运动技能，而且没有人到了小学还不会骑自行车。孩子在一两岁会走路之后，父母就为他们买第一辆自行车，也就是一种没有踏板的自行车（大多是木头制的车身）。为什么自行车不需要踏板呢？据他们说，这辆自行车用来训练孩子的平衡感，他们可以用双脚代替踏板。等到已经很熟练了，再换成真正有踏板的自行车，孩子马上就会骑行了，而且一点儿也不害怕。

到了小学，每学期还有一堂课要求孩子骑自行车到学校，这一天会由ADAC（德国最大的交通协会）给孩子上交通安全课，教导孩子骑自行车时需要遵守的交通信号和规则，而且最重要的，一定要戴安全帽。骑自行车是一项很好的运动，而且需要有不错的体力。

近年来，中国台湾也流行骑自行车，这是非常好的运动，但是自行车道的规划稍显不足，只有某些地方可以安全骑车，一旦上了马路就得"与车争道"。

在德国到处都有专属的自行车道，孩子自己骑自行车上下学也很安全。骑自行车在德国是一项必备的运动技能，除了可以亲子同游之外，在夏天天气好的假日里，老师也会建议全班同学和家长一起到户外骑自行车。

经过这样的训练，小K在刚上三年级时，一天就可以骑40公里，跟着我们到户外去踏青了。

游泳是必备的技能

德国人不但喜欢户外运动，而且非常喜欢游泳，游泳似乎也是每个人的必备技能。从幼儿园开始，老师就带着孩子们去游泳。

我记得那时，每周四小K的幼儿园老师会带着大家搭乘公交车去游泳。

非常特别的是，带孩子去游泳之前，老师会要求家长交一张"医生证明书"，证明孩子是可以下水游泳、身体是没有问题的。

这体现了幼儿园老师谨慎的态度，他们担心孩子太小或因疾病不宜下水，所以必须带孩子到医院先做健康检查。虽然有些麻烦，但这也是对家长和孩子负责的表现。只要孩子通过了检查，就可以随着老师和小朋友们一起到游泳池去玩水了。

小 K 就读的学校，到了小学二年级，每周的体育课开始上游泳课，整整上了一年。

老师不会强迫孩子学游泳，而是让他们从玩水开始，渐渐不害怕水之后，才教基本的游泳方法。从 10 米、20 米开始，虽然老师花的时间很长，但是每个孩子都自然而然地学会了游泳。

经过了这些耐心的训练，小 K 在德国学会了游泳，再也不怕水了。

德国人允许孩子尽情地玩、尽情地锻炼体能。他们相信，有了强壮的身体，学习会更有效率。

小 K 妈妈的教养笔记

健康的身体，是学习的基本条件。让孩子保持适度的运动，孩子将受用一生。

中国台湾妈妈的母语教学课

> 我认为,必须教好小 K 中文,我不希望他在自己的国家当个文盲,他应该熟悉中文才对。然而,在德累斯顿,教中文是一项艰巨的任务。

小 K 的母语教学

我们在欧洲住了许多年,每次回台湾,朋友们总是会问我:"你儿子会讲中文吗?""你会不会担心他中文都忘光了?"

这些问题让我啼笑皆非。

小 K 当然会讲中文。我和丈夫都是在台湾出生、受教育、长大的。我们平常跟孩子在家中也会用中文沟通,聊聊彼此一天中发生的事。如果和孩子讲道理,用英文、德文讲起来多累人呀!而且一定不会比说中文更流畅,毕竟那是从小就熟悉的母语。小 K 是三岁半以后才到欧洲的,他有一定的中文基础,只要不间断练习,就不用担心中文会退步。

但其实中文的教学,并不只有听和说而已,比较难的是读和写。

小 K 从三岁半开始跟着我们到欧洲生活,所以到目前为止,他主要的成长环境是在欧洲。他的中文学习完全来自我的教学。我曾经努力地思考，如何让小K的中文也说得跟德文一样流利，而不是说中文时"洋腔洋调"。在苏格兰的时候，我对于小K认字的要求并不高，总觉得他还小。我一直相信，只要他不排斥中文，一定可以学得好。

后来我听到隔壁阿姨（也是来自台湾）二儿子的故事，我决定一定要让小K学好中文，包括听、说、读、写，样样都不能少。隔壁阿姨的二儿子，是在8岁时移民到苏格兰，在苏格兰接受教育直到大学毕业。

因为他懂中文，大学毕业后找到工作，被苏格兰公司派遣到台湾短暂出差。按理说，他回到熟悉的环境，应该如鱼得水才对，但是隔壁阿姨告诉我，虽然他能说会听，但无法读懂中文，因此到台湾出差时，连点菜、认路都困难重重。

自此以后，我认为，必须教好小K中文，我不希望他在自己的国家当个文盲，他应该熟悉中文才对。然而，在德累斯顿，教中文是一项艰巨的任务。

用玩游戏的方式教学，动手制作母语学习字卡

大部分在国外长大的中国孩子，都认为中文不重要，因为在日常生活里，他们用到中文的机会不多，所以缺乏学习兴趣。此外，学中文比学英文难度更高，尤其是中国文字是图案式的文字，书写时会比较有难度，因此先学英文再学中文的孩子，多半对学中文比较排斥。如果花钱到中文学校学习，每周只一两次，

学习的效果也不是太好。

在我们所居住的城市德累斯顿，连说英文都快寸步难行了，怎么可能会有好的中文学习环境呢？加上德累斯顿大部分的中文教学都是以学习简体字为主，而我则希望小 K 先学繁体字。因为若是先学了简体字，再学繁体字，可能会有较大的障碍，若是反过来就容易多了。因此，最后我还是选择自己教小 K 学中文。

德累斯顿的教材和教学资源十分有限，所以我开始想办法自己制作字卡，先让小 K 熟悉所有的拼音符号，再教他认识一些简单的字，然后让他用卡片里的字去拼凑词语。等他认识的字越来越多，再让他开始写字、组词、造句。

虽然学习速度极为缓慢，他写的字像画图，组词、造句也经常令人不解，但是在小 K 回到台湾的时候，只要有注音，他基本上都可以读出来，也就能跟上台湾的学习进度。

德国的小学也重视母语的学习

在德国有很多外来的移民者，他们同样也有母语学习的问题，因此德国小学在课后的活动里，有母语教学这一课程。若是有 5 个以上的孩子需要母语教学，学校就会和外面的语言中心合作，请老师到学校教授母语。

我记得当时小 K 拿了一张通知单给我，是老师问他需不需要在学校学中文，我给了否定的回条。几天之后，我接到学校一位教职员的电话，问我："Kevin 的母语是什么？是越南语吗？"因为在德国的亚洲人多是越南人。

"不是，他说中文。"

"那他需要在学校学习中文吗？"

"不需要，因为他会说、会看，也会写。"她企图说服我一定要让小 K 去上课，她说母语很重要。我当然知道母语很重要，但是学校所提供的课程，与我们的需求不符呀！最后我用"我是中文老师，我可以自己教孩子"的理由婉拒了。

从那位教职员想说服我的态度来看，我相信德国人不但非常注重德语的学习，而且希望在这里长大的孩子不忘本，所以才在课后安排母语学习的课程。

这是一个很好的观念。所以我不断告诉小 K 学中文的重要性，并且告诉他这是母语，也一定要学好。即使处在不同的语言文化之下，我也坚持抽出时间，带着小 K 学习中文。通过多元语言的学习，才能更具竞争力。

小 K 妈妈的教养笔记

在德国时,小 K 总是用带着质疑的口吻问我:"学中文有什么用?"因为在他的周围生活环境中,除了我和丈夫之外,老师和同学都不讲中文,所以跟他说中文有多重要,他总是无法体会。

我告诉小 K:"我的英文、德文都不太好,所以我跟你沟通的时候一定要讲中文,你一定要听懂我在说什么,就这么简单。"他只好没再说什么,默默地接受。

其实,你必须给孩子一个值得信服的理由,孩子得到一个可以接受和理解的理由,才能乖乖地服从。在语言学习中,环境是最重要的。

如果能营造一个语言学习环境,在国外学习母语,应该不会太困难。

只要父母不放弃教母语,孩子就一定不会放弃学习。

德国小孩的福利

> 弄清楚之后，我才知道小K口中所说的小孩的监狱，似乎是德国的育幼院。这里专门收容父母无法照顾的孩子或失去双亲的孩子，他们被送到这里生活并接受教育，而且孩子的生活费、学习花费，都是由国家买单。

德国的育幼院

有一天，小K在上学途中跟我说："妈妈，我们班上新转来的那个同学玛莉亚又要转学了，去一个奇怪的地方。"

"为什么要转学？转去什么地方？"不是才来没多久吗？又要转学？

"同学们说，去小孩的监狱。"

"啊？德国还有小孩的监狱？她犯罪了吗？"我很惊讶地问。

"她没有犯罪。"小K说，"哎呀，我也不知道，反正她就是要去小孩的监狱。"

弄清楚之后，我才知道小K口中所说的小孩的监狱，似乎是德国的育幼院。这里专门收容父母无法照顾的孩子或失去双亲的孩子，他们被送到这里生活并接受教育，而且孩子的生活费、学习花费，都是由国家买单。我不知道玛莉亚的生活出了什么问题，只知道她才从别的学校转来不久，现在又即将离开。

还有一个小K的同学，因为有学习障碍，在经过医生和老师评估之后，和家长商量，让孩子到特殊学校就读，以便孩子得到更多的照顾，并且改善孩子的学习情况，有效减少孩子在一般学校受到的挫折感。

孩子的教育由政府买单

德国政府的确花了许多钱在教育上。

只要是合法的居民，包括像我们这种家长在这里工作、孩子在这里长期生活的，等孩子上了小学之后，直到最高学历（不论是读到高中毕业或是博士毕业），所有的学费都是由政府支付的，除此之外还可以每个月领到小孩子的津贴，约154欧元。由于许多人依靠这样的金额已经不够抚养一个小孩，再加上德国人口老龄化、鼓励生育，因此后来津贴再涨到164欧元，到2010年，已经涨到184欧元，孩子的衣食住行都能得到充分的保障，才能安心认真地学习。

由于德国的生育率极低，在世界上低生育率的国家排名中名列前茅，因此德国政府奖励生育不遗余力。除了孩子出生后每个月有250欧元的补贴，如果有第三个孩子出生，新生儿的父母还可以拿到更多的生活津贴。

如果父母都上班，其中一人可以请假在家带孩子，并向政府申请每个月可领父母津贴1000多欧元，为期约一年。这笔津贴可以让你安心在家带小孩，让小孩得到完善的照顾，而且不用为生活烦恼。此外，在德国只要不是上私立的学校，除了午餐、书本费用和课后安亲班需自己付费之外，学费一律是全免的，有些学校甚至用经费买教科书，用图书馆借阅的方式借给学生一学年，使用后归还。父母连购买教科书的钱都省了，只需要购买一些练习本就够了，真是既省钱又环保。

完善的儿童医疗制度，让家长能放心工作

德国的儿童医疗制度，也相当完善。

从教育方面来说，学习迟缓的儿童，可以经由老师评估并与家长讨论，转到特殊学校去就读。在这样的特殊学校中，教学的进度较一般普通小学来说缓慢，为的是让这些学习比较慢、但是并不笨的孩子可以慢慢跟上进度。有的孩子只是开窍得晚，一时跟不上，转到这类学校之后，中学时也可以和一般的孩子一样，回到教学进度正常的学校就读。

在德国，由于一般的小学都在住家附近，若转到特殊学校，中间会产生额外的交通费用。这些费用第一年由国家支出，也就是免费；虽然第二年开始需要自付，但国家仍给予相当优惠的交通补助。

此外，有些患先天性疾病的孩子，国家不但完全支付所需的医疗费用，而且还提供一些服务。

我有一个来自中国台湾、目前定居在德国的朋友，她的孩子有先天性的疾病（她用德文说了一个很复杂的医学名称，我不知

道这是什么）。从孩子出生开始，就必须不断地接受治疗，并且每天需要人工导尿，因为无法自行排尿。

孩子还没入学的时候，妈妈可以在家自行为孩子导尿，但是上了幼儿园该怎么办呢？妈妈需要去工作，加上还有另一个孩子需要照顾，而德国籍的爸爸则在外地工作，每周末才回来一次，妈妈要照顾这个生病的孩子，十分辛苦。

孩子上了幼儿园之后，医疗诊所派了一个护士，每天两次，按时到幼儿园帮助这位小朋友导尿，一直帮助到孩子可以自理为止。这些昂贵又贴心的医疗服务，全由政府买单。

除了这些，德国人也尽量给孩子一个安静的成长环境，不能有太大的噪声、尽量接近大自然，让孩子在自然的环境中成长，这算不算也是一种福利呢？

德国人训练孩子独立自主，国家也给予孩子周到的生活照顾，我相信他们在教育上花的很多经费是很值得的。

小K妈妈的教养笔记

德国是个社会福利极好的国家，而相对来说赋税也极高，但国家将很多的税收和经费花在儿童的教育、医疗上，这是值得学习的地方。

有一技之长比读大学重要

> 亚洲人普遍的观念是,无论如何都希望孩子上好的大学,毕业后才会有所成就。德国父母则认为,拥有一个有保障的工作,才是最实际的选择,所以并不会特别鼓励孩子去挤大学那一道窄门。

注重专业的教育制度

德国的技职教育,是世界上做得相当彻底且完备的,所以德国的教育系统也跟世界上大部分国家大不相同。德国的教育系统,对于专业的训练十分讲究,因此在小学毕业后,孩子就必须选择将来进大学或是接受技职教育的训练。

德国的小学,只有4年(只有柏林和勃兰登堡是6年)。在这4年里,孩子学习基础教育,最重要的科目是德语和数学。中学之后开始加入更多的选修课程,到了八年级,学校老师就必须辅导和建议学生,开始选择自己的专业,选修的课程会大有不同。

若是以理科为主的学生,物理、化学、数学的课程比例会逐年增加,文科的学生,历史、地理、文学、艺术的课程也会渐渐增多。在中学之后,基础通识教育慢慢朝着技职与专业的科目分别开展。

法国	小学 5 年
英国	小学 7 年
德国	小学 4 年，其中柏林和勃兰登堡均为 6 年
韩国	小学 6 年
瑞士	小学 6 年（在绝大多数州）
日本	小学 6 年
中国台湾	小学 6 年
中国大陆	小学 6 年

德国的升学制度

德国的升学制度十分复杂，连德国朋友都开玩笑地说："如果没有仔细了解，有时德国教育复杂到连我们自己也搞不清楚！"虽然是开玩笑，但由此得知，德国的教育系统的确是相当特殊且复杂的，也因为如此，可以有更多的选择和不同的可能性。

德国国土幅员辽阔，是由 16 个联邦州组成的联邦共和国，其中柏林、汉堡和不来梅是 3 个城市州。柏林是德国的首都和最大的城市，也是德国的政治、文化、交通及经济中心，汉堡是德国的第二大城市。

虽然各州在教育方针和制度上不尽相同，但主要的基本学制是一样的。简单来说，每个孩子一般是在 6 岁上小学，若有尚未准备好，或是下半年度出生的孩子（德国人常会问：你是"夏天的孩子",还是"冬天的孩子"呢?通常夏天出生的孩子,会晚一年入学),就在7岁入学。小学读4年,毕业之后进入中学就读。

德国的中学基本上分为文法高中、实科中学和主干学校3个等级,而入学的标准则是看在校的成绩表现。此外,在某些邦中,还有一种综合高中,学年3至7年,视不同形式而定。这是改革传统中学的产物,目标是为所有学生提供均等的教育机会与适当的学习环境,让个体独特的方向、能力能充分发展,避免过早分化与定向,给予学生更为多样化的课程选择。

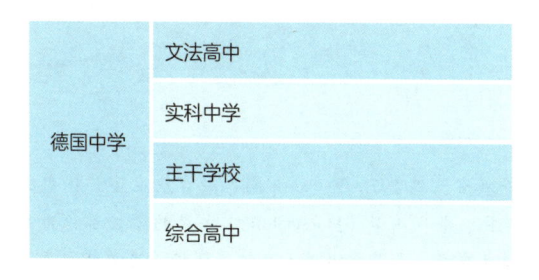

德国中学	文法高中
	实科中学
	主干学校
	综合高中

小学成绩最好的学生(等级平均在1、2),可以进入文法高中就读,从五年级一直读到十二年级或十三年级,为期8至9年,视所在邦的规定。由于德国这种文法高中具有大学预科的性质,也是为进入大学做准备。

课程又分为必修与选修两种类别,而在这两种类别下又各分成基础课程及专长课程。必修课程有语言、文学、艺术、社会科学、数理、科技、宗教及体育;选修课程则是大学各领域中的基础或入门课程。规定学生必修两门以上的专长课程,其中一科规定要修语文、数学或自然科学。

文法高中毕业的学生和中学成绩好的学生，可以直接申请进入大学；而成绩不够理想的，可以参加会考，学生依会考的成绩单来申请想要上的大学。

高中会考的科目共有4个：除了两门基础课程之外，还有两门必修的专长课程。

大学毕业可以拿到 Diplom（大学文凭的学位证书），但一般大学毕业授予硕士学位，拿到硕士学位后可以继续攻读博士，这是一路读书顺利的学生基本的升学方式[1]。

---

[1] 德国高等教育依据1976年《联邦高等教育基准法》放宽高等教育机构的认定范围，将所有具（Hochschule）之名的学校都称为大学，而高等教育人口也在社会大量需求下迅速扩充膨胀。目前德国高等教育人口约172万，占19～26岁人口中的33%，分布在4所综合大学、90所大学、6所教育学院、16所神学院中，这四类机构是真正具有大学资质的高等教育机构。此外尚有46所艺术学院、146所专门高等学校和30所公共行政专门高等学校。这些机构相当于中国专科学校与技术学院之间，与大学同样授予学士学位，但其学位比大学所授予相同名称的学术地位低。德国的大学原本无硕士学位，研究所是为了读博士的学生而设，只提供博士学位，硕士学位是配合其他欧盟国家才设立的。2007年夏季学期开始，德国的国立高等教育开始收取每个学期500欧元的学费，除了通过ZVS中央分配的少数有人数限制的学科以外，不需要入学考试，而是采用申请入学的方式。申请大学审核标准依据高中会考文凭的成绩，即3部分成绩的总和：基础学程22个科目，最低110点；专长课程8个科目，最低70点；毕业会考，4个科目，最低100点，意即大学入学资格的最低门槛为总分280点。

即使不爱读书也能发挥所长

有些小学成绩较差的学生，可以申请到实科中学就读，学习时间是从五年级到十年级，为期 6 年。实科中学毕业之后，可以依成绩申请进入高等职业专科学校；若是实科中学的学生想要进入大学就读，可以自动再留校一年准备会考，若是会考成绩理想，也可以凭其申请进入大学。

小学成绩最差，或不爱读书的学生，可以进入主干学校，从五年级开始，读到九年级或十年级，毕业后可以申请到职业学校学习一技之长，职业学校毕业后即可直接就业。

当然除了成绩之外，家长的教育态度也有举足轻重的作用。

有些家长认为，虽然他们的孩子可以达到 2 以上的成绩，但读文法高中对孩子来说过于辛苦，因此有些家长就会让孩子到实科中学就读。当然，若上实科中学的成绩优异，不想直接接受高级职业技术教育，或科技类的高等教育，也可以在学校里多待一年准备会考，再以会考的成绩申请大学。大多数的德国人认为这样多一种选择的机会，也不至于太差。

读专科学校的学生，到了毕业前一年，多半要到企业去实习。虽然收入微薄，但是也必须由实习企业的雇主打成绩。表现优秀的人，毕业后甚至可以接到雇主的聘书，到实习的企业去工作。所以很多德国人认为，这或许比读到大学毕业更有职业的保障。

亚洲人普遍的观念是，无论如何都希望孩子上好的大学，毕业后才会有所成就。德国父母则认为，拥有一个有保障的工作，才是最实际的选择,所以并不会特别鼓励孩子去挤大学那一道窄门。

主干学校毕业的学生,在毕业后不见得可以申请到专科学校。这时,他们可以找一个有兴趣的职业,到职业学校去受训,视职业的不同,受训结业的时间也不同。学生职训结业后会得到该项专长的证书,然后凭着证书去找工作,也可以自己创业。职业训练种类繁多,有学习盖房子、制作面包、美容美发、电车司机或公交车司机,大多是以手工业和制造业为主。

总之,德国人认为,即使书没读好,也能为自己找到一条谋生的出路。

小K妈妈的教养笔记

对于失业率总是偏高的欧洲,德国政府对职业的辅助和补助总是不遗余力。因此,除了好的学历,在德国获得专业训练的证书,也有助于将来职业生涯的发展。国家越进步,专业的分工也就越重要,未来的市场,专业能力越强,就越有竞争力。

四季音乐会

> 小 K 当初想学琴，是因为他有欣赏的音乐家。现在，他是因为自己真正体会到了学琴的乐趣，真正喜爱这件事，所以才有了坚持下去的动力。

三岁半的小提琴家

在德国，虽然不像在奥地利，满街都是音符，但四季都有音乐会可以欣赏。不论大型或小型的音乐会，只要你想要听，几乎都可以找到不错的音乐会。

小 K 从三岁半开始练小提琴。请你们千万不要误会我，不是我要他那么小就练才艺，而是他自己要求的。我向来希望小孩快乐学习，因为没兴趣的事被逼着做，真的很痛苦。

很多人觉得小 K 很不可思议，居然三岁半就会自己要求学琴，我只能说，这是因为他带着从小逛世界的"后遗症"。

小 K 三岁半的时候学琴，我真的很担心会妨碍他的身体发育：拉小提琴要歪着脖子，这么小的小孩就"歪脖子"会不会不好？但是小 K 很坚持，我也只好让他去试试看，心想也许没兴趣就不学了。而一开始的代价，就是我也要跟着学。现在的妈妈可真辛苦，30多岁才开始陪小孩练琴，我的心情真是一言难尽啊。

刚开始时，每个星期上一堂课，每次一小时，前半小时是小K上，后半小时是我上，我还特地去租了一把小提琴，感觉自己真的像音乐家似的。一开始，小K学得并不快，一个3岁小孩要看懂音符，真的很困难，他又不是莫扎特。偏偏他又最爱莫扎特和约翰·施特劳斯，而这两位音乐家就是拉小提琴的！

小K在台湾被老师要求先"夹琴"的情况下，学了3个月。接着我们举家搬到苏格兰，也因此中断了小K的小提琴学习。

"反正也不是当音乐家，晚几年再继续学也无妨。"我心里是这样想的。

在德国，小朋友学才艺是签"年约"的

后来我们到了苏格兰，虽然千里迢迢随身带着他1/8的小小提琴[①]，然而没有继续学的机会。没多久，我们又移居到了德国，刚到国际学校没多久，就有了拉小提琴的机会，我问小K有没有兴趣继续学，他点点头。我马上让他继续学了，但是心中还是很怀疑，"他的意愿真的这样坚定吗？"

在德国，小朋友学才艺是签"年约"的，当然，他们会给你一个月试学的机会，看看你是否要继续学才签约。一旦签约就是

---

① 小提琴的尺寸说明。小提琴的尺寸分为4/4、3/4、1/2、1/4、1/8、1/10和1/16几种，主要是以臂长来区分适合的尺寸。

一年，即使你半途而废，也必须将一年的学费全部缴纳。而下一年度的合约，如果没有在合约到期3个月前通知老师，就表示自动续约。

果然，签约后几个月，小K就开始"露出马脚"了。过了一阵子之后，小K不想学了。

"为什么？"我问他。

"因为拉小提琴太累了，我想学钢琴。"他是在逃避。我问他："当初是不是你自己要学的？"他点点头。

我又问："我逼你学了吗？"

"没有。"他怕被我骂，回答得很小声。

"你喜欢拉小提琴吗？"

"喜欢，可是太难了。"他倒是很坦诚，承认自己懒惰。

"有什么事是不难的？"我告诉他，"你可以考虑一下，学完这一年，下一年还要不要学。如果你决定不学了，我没意见，但是请你以后不要再跟我说你要学乐器。因为学习每种乐器都很难，我不希望你这个学学，那个学学，最后哪种都不会。如果是这样，不如都不要学。你决定的事，自己想清楚就好。"

过了几天，小K可能是想通了，又跟我说他想继续学。就这样，小K坚持学拉小提琴，直到现在。

后来，小K转学了，所以每个星期，我必须带他搭乘两小时的电车，到老师家学半小时的琴（德国人认为这么小的孩子学琴时间太长，无法专注。所以在德国，小孩学习乐器都是以半小时为单位的）。

现在他渐渐有了信心，也对拉小提琴有了一些兴趣。

我想，小 K 对音乐多少还是有一些天赋的。刚开始，他每天至少练习 5 分钟，慢慢地进步。现在，他已经可以自己练琴 30 分钟以上了，虽然进度很慢，但是他渐渐找到练琴的乐趣，这与他 3 岁半时决定要学小提琴的心态大不相同。小 K 当初想学琴，是因为他有欣赏的音乐家。现在，他是因为自己真正体会到了学琴的乐趣，真正喜爱这件事，所以才有了坚持下去的动力。

除此之外，我认为让小 K 坚持练琴还有一个重要的理由，就是他喜欢音乐会。

在德国，每个季节，学校都会举办音乐会，让这些学琴的孩子有上台表演的机会。不论音乐会的规模如何，都可以看出主办单位的用心。因为不是比赛，所以不用评分，只是让孩子拥有一个属于自己的音乐会。在学校，老师也会经常为小 K 寻找表演的机会！老师用这样的方式鼓励孩子，更能让孩子有持续学习的动力。

森林里的音乐会

提到音乐会，最令我印象深刻的，是在夏季举办的一场森林音乐会。

在德国学小提琴，也是要放暑假的。老师会在暑期休息一段时间，基本上只要上满"年约"的时数即可。老师在夏天去度假，因此即使是小提琴课，通常也会放假几周。

小 K 的新老师是波兰人，是在德国研修音乐的学生，通常暑假就回波兰去了。在放暑假之前，老师告诉我，音乐学校将举办例行音乐会，让大家表演。

那一次的夏天音乐会，场地在一片葱郁的森林里。森林里有一个大舞台，所有的表演者必须上台表演。从我们家乘车过去，大约 40 分钟。在森林音乐会的入口处，地上就有音乐学校自制的"脚印"，带领你到音乐会会场。

这场森林里的音乐会，简直就像一个园游会，台下除了有观众席，还搭上大遮阳伞，有卖香肠和饮料的小摊位，让你可以一边听音乐，一边野餐，享受夏日的乐趣。除了品尝美味，你还可以到附近的森林里散步。整个森林里充满了音乐声，除了有天然氧吧，还可以让你的耳朵舒缓压力。

原来，即使是小小的"成果发布会"也可以这样玩，大家都玩得很开心，真是让我大开眼界。

冬日在教堂里的音乐会

还有一次，小 K 的老师于圣诞节前夕在一座教堂里办了一场音乐会，表演者是老师的所有学生，场面十分热闹。教堂的外面是寒冷的冬天，而教堂里充满了音乐，很温馨。孩子平时学习的成果，可以通过这样的小小音乐会展现，既满足他们的表演欲，又磨炼他们在大众面前表演的勇气。

在德国，人们学音乐完全是因为兴趣，仅有少数人是为了将来想从事音乐方面的工作。这样的音乐会，在每个城市的角落随处可见，我们随时可以听见美妙的乐音缭绕。对德国人来说音乐是陶冶情操、舒缓身心的最佳方式，能让他们紧绷的神经稍稍放松。在德国学琴的孩子不一定要比赛,但是他们需要舞台。能够在舞台上展现自己的才艺,对孩子们来说是很棒的鼓舞。

> **小 K 妈妈的教养笔记**
>
> 音乐可以陶冶情操,至少欧洲人都如此认为,且身体力行。我相信,我们无法让每个学音乐的孩子都成为音乐家,但是可以把孩子们变成有品位的音乐鉴赏家——不管他们会不会弹奏乐器。

带你了解真实的德国

在德国学习的优势

1. 了解丰富多彩的文化

德国拥有悠久的历史和丰富的文化遗产。在德国留学，学生不仅能够学习知识和技能，而且可以了解德国的历史、文化和风俗习惯。

2. 拥有世界顶尖大学

德国有不少世界顶尖大学，如慕尼黑大学、慕尼黑工业大学、海德堡大学等。这些学校在世界范围内享有良好的声誉，吸引世界各地的学生们纷纷入学。

3. 闻名于世界的实践教育

实践与操作一直是德国教育不可缺少的环节。德国的"双元制职业教育"处于世界领先地位，这种职业教育是指，培训过程在工厂企业和国家的职业学校进行，并且这种教育模式又以企业培训为主，企业中的实践与职业学校中的理论教学是密切结合的。

4. 全球认可的学士学位

德国的学士学位被全球就业市场所认可。学士学位课程的主要目的是让学生在 6～8 个学期内对所学的专业有大致的了解。有时，学士学位还包括两个科目或者一个主修科目和两个辅修科目。

5. 广阔的就业前景

德国经济发达，学生大学毕业后很容易找到理想的工作。德国文凭含金量高，国际认可度高，留学德国有着广阔的就业前景。德国联邦政府允许大学生免税打工，国际学生可以在德国每周工作最多 20 小时。此外，德国联邦政府内阁会议决定，自 2022 年 10 月 1 日起实施每小时 12 欧元最低工资。

你认识那些生活中被塞满一长串课程、训练、课外活动的孩子吗？如果你让他们到美丽恬静的地方度假几天，他们将会不知所措。他们不知道该如何享受自我，因为他们从来没有时间学习独处，这会让他们难以面对成年后的生活。他们无法放松自己，因为从来没有人教他们该如何轻松度日。

3 Chapter

玩，才是主修课

你没看错，德国的小孩晚上 7 点就睡觉

> 晚上 8 点，聚餐结束，我们带着孩子去看表演。售票小姐十分耐心地说明："这个表演小孩是可以看的，没有年龄上的限制，但是表演要到晚上 11 点 30 分才结束，对 8 岁的小孩来说，这个时间睡觉太晚了，所以我不能卖票给小孩。"

德国小孩的睡觉时间

生活习惯是影响一个人一生重要的方面，而在德国教育里，早早上床睡觉，是德国孩子的义务和正常习惯。

"你规定你的孩子几点上床睡觉？"很多妈妈这样问我。

我记得小时候，父母通常规定我们晚上 9 点上床睡觉，但是德国小孩的"法定睡觉时间"，不可思议的竟是晚上 7 点！

"什么？7 点？我没听错吧？爸妈都还没下班！"

"还没吃完晚饭！"

"上安亲班才回家，就要睡觉啊？"

"作业都没写完！"

"天还没黑，怎么睡？"

当听到德国小孩的睡觉时间时，许多亚洲朋友都满脸疑问，并发出了一连串疑问。

没错，你没听错，德国小孩除了婴儿以外，都是晚上 7 点钟上床睡觉，而且一般父母都这样执行。这是怎么办到的呢？通常，我们要求小孩早点睡觉，但小孩总是拖拖拉拉的，没有拖一两个小时，很难乖乖"就范"。为什么德国小孩可以晚上 7 点就上床睡觉呢？这与德国人的生活习惯有很大的关系。

一般有小孩的家庭，若没有特别重要的事，比如聚餐、足球赛等，一般晚上 9 点至 10 点 30 分之间就上床睡觉了，因此小孩自然也更早睡觉。

另外，德国人的晚餐大多是简便的冷食，有面包、火腿、生菜沙拉就可以了，不会因为准备晚餐而大费周章。通常，孩子放学后就吃点心，甚至直接将放学后的点心当成晚餐，所以晚餐很快就解决了。晚餐后要洗澡，但是德国人不是每天洗澡，因为天气干燥，如果每天洗澡，皮肤很容易出毛病。因此大多数小朋友洗洗手，两三天才洗一次澡，冬天还有一周洗一次的呢！因此节省了很多琐碎的时间。

而小孩最喜爱的卡通节目，每天晚上电视中只播放到七点半就结束，大一点儿的孩子 8 点钟看完儿童新闻就上床睡觉，这算是比较晚的睡觉时间了。

久而久之，孩子就养成了早睡早起的习惯。

或许你很难想象，在欧洲日照偏长的夏天花园里，最晚到晚上七点半就没有小孩的身影了。如果习惯了晚上 7 点上床睡觉，就不觉得十分特别，但是没想到德国人对此执行得很彻底。

晚间的表演，小孩不能看？

我想说说让我印象最深刻的一个例子。

有位朋友一家三口从台湾来拜访我们，孩子和小 K 年纪一样大。他们来的那天不是周末，因为行程的原因，只能停留一天，于是我们一起到意大利餐厅聚餐，直到晚上 8 点。

晚上 8 点了，餐厅里只有这两个"违规"——两个还没上床睡觉的小孩。

进餐厅之前，朋友说晚上想看一个表演，于是我们一起到旅游中心去买票。

朋友问："请问有今天晚上这场表演的票吗？"

"有的，8 点 30 分开始，你要几张呢？"售票小姐问。

"3 张，两个大人、一个小孩。"

此时售票小姐看了一下站在我们后面的孩子，说："小朋友几岁呢？"

"8 岁。"

"对不起，我们无法卖票给小朋友。你们要不要找保姆帮你们照顾小孩，然后你们买两张票呢？"但是，来旅行的家庭上哪儿去找保姆呀？

我们不知所措，朋友随即问道："这个表演小孩不适合看吗？表演单上面并没有年龄的限制呀！"

售票小姐十分耐心地说明："这个表演小孩是可以看的，没有年龄上的限制，但是表演要到晚上 11 点 30 分才结束，对 8 岁的小孩来说，这个时间睡觉太晚了，所以我不能卖票给小孩。那么两位大人需要票吗？"

原来如此！这便是德国人卖票的逻辑。

太不可思议了，看表演没有年龄限制，但是却对小孩有上床睡觉的时间限制！看看中国台湾的孩子，晚上 7 点多才刚上完补习班、安亲班回家，怎么可能立刻上床睡觉？德国人彻底执行的精神太令人佩服啦！连来旅游的游客，小孩几点睡觉都有严格规定。最后，朋友一家只好放弃看表演。

你说这是不是很不可思议呢？也许在他们的世界里，根本没有父母会让孩子那么晚还不睡觉，或许我们才是他们眼中不可思议的父母吧！

时间管理，从培养良好的生活习惯开始

关于 7 点上床睡觉这件事，我也曾问过瑞士的朋友："你们瑞士的德语区是不是也有这样不成文的规定？"瑞士朋友回答："你家小孩半夜不睡觉，是你们做父母的事，其他人才不会管那么多呢！"

但是在德国，就连售票员都要清楚小孩的睡觉时间。所以，我们也入乡随俗，虽然小孩不是 7 点就上床睡觉，但是在看完儿童新闻之后，8 点钟就早早入睡了。

其实，即使德国人没有很早上床睡觉，也都早早回家，尤其是有家庭之后（至少我们的邻居、公司同事大都是如此）。据我

观察，多数的德国人是很有家庭观念的，有了孩子之后，他们会把大部分的时间献给家庭。下班之后就是自己和家人的时间，爸爸会回家吃晚饭，有的爸爸还会回家做饭呢！德国人对小孩的健康和作息时间高度重视。去酒吧、参加聚会活动这些都是偶尔为之的调剂，而这也是必须有人晚上帮他们照顾孩子才能办到。我认识的邻居和朋友，都属于"正常家庭"，因此他们都彻底执行让孩子早早睡觉。

德国的孩子没有权利可以抗议早睡这件事，因为这是小孩必须遵守的规定，无一例外。这是严肃的、没有商量余地的德国人的作风。如果想要晚点睡，唯一的方法就是快点长大，等到成年之后，就可以决定自己要几点睡觉啦！这一点，德国孩子在懂事以来都很清楚，因为父母绝对不会为这件事妥协。

读书不是唯一选择，每个人都能选择自己的路

对德国人来说，成绩好不好要看个人的努力，并不是规定每个人都要成绩好。德国人认为，想不想读书、会不会读书，每个人都是不一样的，重要的是要有一技之长。要想将来有饭吃，读书是必须的，但是不必拼命。一路读到博士要看个人的能力，一个人能够有和别人进行团队合作的能力，才是最重要的。

孩子有多种选择：运动细胞好的，可以进体育学校；唱歌好的，可以进音乐学校；舞蹈技能好的，可以进舞蹈学校等。在德国任何一行更需要的是专业，不只是学历。如果以收入来论读书的好处，一个好的水电工，有可能比大学毕业的收入更高，因此

能不能有好的工作和专业，是比较重要的。

在德国，也有越来越多的人因为没拿到文凭而失业，但是他们始终并不特别强调读书才是唯一的出路。每个人都能选择自己的路。

而亚洲的父母通常过于紧张。东西方最大的不同，是西方人总认为，孩子的未来要让他自己去选择，而不是父母帮他做决定。所以父母为孩子考虑得太多，是不是一件好事呢？这是个值得深思的问题。

德国人也认为，可以跟孩子好好相处、珍惜与孩子共度的时光，比孩子会不会读书、能不能出人头地更加重要。德国人多半不会牺牲家庭的时间，让孩子埋头苦读，因为比起担心孩子以后有没有高学历，父母认为亲子互动更重要。

德国孩子每天只有半天的上课时间，所以不会半夜还在读书不睡觉，他们认为这样的方式会使体力变差，无法吸收新的知识，而且会陷入作息不规律的恶性循环。因此，只有在放暑假的夏夜里，直到 8 点多天黑之前，还偶尔能听见小孩在花园里的嬉闹声。其他时间，孩子们在 7 点多钟就都已进入梦乡了。

这是德国人教养孩子的方式，无论如何都是不能妥协的。孩子也知道，这就是他们要遵守的，从小的生活习惯做起，以后就会养成良好的习惯。

从这里，我们能看出德国人的严谨性，大家都要彻底执行，但是想想，让小孩早点上床睡觉，不仅有益于孩子的健康，而且大人也有更多自己的时间，不是很好吗？然而在亚洲，这种生活作息是比较难以实现的，大部分孩子的学习压力比较大，所以晚上 7 点钟上床睡觉，应该属于天方夜谭。

如果你能够试着让孩子养成早点上床睡觉的好习惯，那么孩子自然会因为有充足的睡眠，让学习的效率事半功倍。当然，不一定是 7 点钟睡觉，亚洲孩子能在 9 点前睡觉就算是很难得了！

> **小 K 妈妈的教养笔记**
>
> 养成规律的作息，是培养孩子做好时间管理与自我管理的基础。

最受德国小孩欢迎的传统节日

> 尼古拉斯和圣诞老人有何不同?其实我也不知道。关于这两者的区别众说纷纭,但我可以确定的是,两者孩子都喜欢,都期待因他们而来的节日,也给孩子的童年一个美丽的传说,虽然从来没人见过尼古拉斯。

圣马丁节[①]

从某些角度来看,德国人其实是很保守的。虽然德国的科技发达,但是生活方式和教育形式仍然脱离不了传统的范畴。所以,每个季节和节日都被融入教育、生活中,这意味着传统与传承。

[①] 圣马丁节的应景食物是马丁鹅。马丁鹅,也就是烤全鹅。圣马丁与鹅之间有两则传说,一是当他被推举为都尔的主教时,为了拒绝这项职务,他躲到了鹅舍中,却被鹅的叫声出卖;另一个则是,当他一次讲道时被闯入教堂的一群鹅打乱,于是这些鹅就被送上了餐桌。然而形成这项习俗较可能的理由是,早年鹅是岁末时节方便的纳税品及给雇工的遣散礼物。而 11 月 11 日的圣马丁节刚好和岁末时节重叠,因此烤鹅成了当季的应景食物。

我们到达德国所遇到的第一个节日，是我从未听过的——圣马丁节。

圣马丁节在每年的 11 月 11 日这一天。这是个宗教节日，虽然不是法定假日，但是会有一些有趣的活动。最特别的是，这一天晚上德国小孩竟然会提灯笼！如果你在这一天的晚上，在欧洲城镇看见有小孩提着灯笼走在街上，可别以为西方人也跟着我们过元宵节了，这是欧洲人过圣马丁节的传统习俗。

每到这一天，德国的孩子们会高高兴兴地准备灯笼，然后到街上游行。有时，我们会恍然觉得元宵节到了。小 K 在国际学校的时候，老师还教他们自己制作灯笼。天黑后，大家在森林里集合，提着自制的灯笼在森林里游行，并且由老师带领学生们唱圣歌。这是很有趣、很传统、特殊的德国体验。

尼古拉斯日[①] 得到的糖

这大概是住在德国的孩子们，在圣诞节前最兴奋的节日了！每年 12 月 6 日这一天，德国有个有意思的传统，就是小孩必须在前一晚睡前，把自己所有的鞋都清理干净，因为来无影去无踪的尼古拉斯会在夜里，把糖果给鞋子干净的小朋友。因此，每个孩子在这一天，都会"突然"变得特别勤劳，把自己的每一双鞋

---

① 尼古拉斯在世界各地受到纪念。在东欧国家和比利时，尼古拉斯是水手、商人、弓箭手、儿童等主保圣人。尼古拉斯被认为是悄悄赠送礼物给人的圣徒（即圣诞老人的原型）。

子擦得洁净如新，因为大家都想得到尼古拉斯给的糖果，所以许多小孩在这一天都很兴奋，小K当然也不例外。

某一年的12月5日下午一放学，小K马上跟我说他要去把鞋擦干净。

没多久，浴室传来水声。走近一看，小K拿着自己的靴子在冲水。

我问他："擦鞋子为什么要用水冲？"

"我觉得用水冲比较干净。这样尼古拉斯会多给我一些糖果。"小K理所当然地回答。还好靴子是防水、防雪的材质，在他把靴子里面弄湿之前，我适时地阻止了他，让他用湿布擦就好，不要用水直接冲。擦完之后，我去看他的鞋，果然每一双鞋都很干净，连鞋底都擦过了，他真是认真！

"你今天要早点睡觉，这样尼古拉斯才会赶快送糖给你。"为了让小K早点上床睡觉，我跟他这么说。

"好。"小K爽快地答应了。咦？平常不反复催促，决不肯乖乖上床睡觉的小孩，怎么变得这么好商量？不用说，当然是为了得到尼古拉斯的糖果。第二天一早，我起床后正在厨房做早餐，发现身后有个人影唰的一声跑过去。原来小K已经起床，直接跑去看鞋子。

"真的有啊！好大一包喔，都是巧克力！"平常得叫半天还赖着不肯起床的小K，居然自己起床，拿着糖果兴奋地大叫。

"我以为你是骗我的。真的有啊！"小K高兴地跟我说。

这天上学前的准备工作，比任何一天都快，小K走路到学校的速度也很快。因为学校里也有鞋子！前一天放学的时候，老师早就嘱咐过他们,得把鞋子刷干净了。一到学校,小 K 就大声嚷嚷,说他拿到一大包糖果,他的同学羡慕地跑去告诉老师:"Kevin 拿到一大包糖果,都是巧克力!"老师对他笑笑。我正巧在老师旁边,用最小的声音跟老师说:"我就是他说的那个尼古拉斯!"老师会心地笑着说:"我也是。"

是啊,德国的小孩真幸福,大人负责花钱送礼物,小孩只要快乐就好,糖果、礼物收到手软。当然,在学校的鞋子里,每个人也都发现了尼古拉斯的礼物——一包糖果和一包小玩具。而在放学后,小 K 和同学们庆祝尼古拉斯日的另一个"节目"才开始呢!

为庆祝节日举办的小聚会

下午 4 点,和德国朋友们约好要举办的"尼古拉斯聚会"在另外一个地方展开。受到小 K 幼儿园德文家教老师安雅的邀请,我们到他们家一起过尼古拉斯日。记得到德国之后,我经常听说这是个德国小孩很重视的节日。在第一年,小 K 在国际学校,当时学校在每个人鞋子里都放了糖果,一点儿庆祝的气氛都没有。毕竟是说英语的学校,对德国的文化没有那么重视。小 K 转入德国小学后,每个节日的气氛都十分热闹,也因为安雅的邀请,我们看到了德国人庆祝这一天的方式。

12 月 6 日下午 4 点钟,我们准时到安雅家。为此,我临时学会烤苹果蛋糕,一起带去。我原本以为只有我所熟识的两个家庭,没想到小 K 幼儿园的同学费德瑞克,还有现在新学校隔壁班的同学卢卡斯,以及他们的兄弟姐妹们都来了,顿时屋子里面都是小孩,大孩子、小孩子,还有小宝宝,真是热闹极了。还没等大人开始宣布,孩子们早就玩成一团,我数了数,有12个小孩,还包含安雅家楼上的邻居,大家一起欢乐。安雅招呼大家坐下来,开始进行"小小劳作"。

这天的第一个劳作是"用水果做成雪人"。这很简单,拿一个橘子和一个苹果,橘子在上、苹果在下用牙签串起来,接着在橘子上画上眼睛、鼻子、嘴巴,再加一顶红色的帽子,用白色棉花做成围巾,小朋友自己签上名,就大功告成啦!

做好雪人之后,安雅把他们的作品排放在玄关的走道上,让进来的客人都可以欣赏他们的作品。他们接着剪星星,作为送给尼古拉斯的小礼物。我们大人就喝着咖啡、吃着蛋糕,好好地享受一番下午茶时光。

"小朋友们都到客厅来!"安雅呼唤着小朋友们。正当大家面面相觑的时候,尼古拉斯走进来啦!于是大家聚在一起唱尼古拉斯的歌曲,然后尼古拉斯发巧克力给大家。当然在接受礼物之前,每个小孩都得回答他的问题。孩子们在这个小聚会中玩得很愉快,也让我们充分体验了德国节日活动的乐趣。

你一定想问,尼古拉斯和圣诞老人有何不同?其实我也不知道。

我问小K,他说:"尼古拉斯的胡子比较短,圣诞老人比较老,胡子比较长。"

是这样吗?有个德国朋友曾告诉我们,尼古拉斯是看不见的,他没有形象,他是小朋友的守护者,所以会把糖果给鞋子擦干净的孩子。而圣诞老人就是驾着驯鹿飞在天空,从烟囱滑下来送礼物的那个人，是可以看见的。关于这两者的区别众说纷纭，但我可以确定的是，两者孩子都喜欢，都期待因他们而来的节日，也给孩子的童年一个美丽的传说，虽然从来没人见过尼古拉斯。

圣诞节

过完尼古拉斯日，圣诞节的脚步就会慢慢靠近。这是全家团聚的日子，就像是我们的新年。除了老师会教大家制作蜡烛之外，学校还会举办一个圣诞市集，你可以把自己家里不需要的东西拿出来拍卖，让你用不上的东西找到新的主人，然后将所得的费用用在学生身上。例如，买些新书或添购其他必需品，除了原本的教育经费之外，让学校有其他收入。

除了有趣，大家在快乐过节的同时，也落实了生活教育。学校会呼吁孩子们，把旧的玩具或书本，不能穿的衣物、鞋袜都捐出来，学校会送给需要的儿童。

复活节

复活节一般在 3 月底或 4 月初，象征大地回春，"兔子"与"蛋"是复活节里最重要的主角。

在日耳曼人以及斯拉夫人的语言中，"复活节"一词来自一个古代的女神——春季女神 EOSTRE。根据这个传说所述，EOSTRE 曾经救了一只在冬季被冻伤翅膀的小鸟，将它变成了一只兔子。由于它曾经是一只鸟，依旧保留了生蛋的能力，它便是后来的复活节兔子。而复活节彩蛋,是西方国家在庆祝复活节时特别的装饰,也是复活节的象征性物品,能表达友谊、关爱和祝愿。传统上一般使用经过染色的蛋类,现代则是使用蛋状的巧克力代替。

在复活节时,大人会事先藏好彩蛋,然后让孩子们来寻找,学校在复活节前夕,会举办制作彩蛋、找寻彩蛋的活动,而老师会藏好蛋,让孩子们玩找蛋的游戏。

在德国,节日是生活的一部分,备受重视。德国人在教育中,也不忘传承与延续这些传统。在学校里,老师会告诉大家过节的意义、节日的由来。也许德国人希望教育下一代,在生活更好的同时,也不要忘记传承的重要性!

这也是如今我们在追求更好的教育方式时,不容忽视的环节。

小K妈妈的教养笔记

虽然许多传统在当今生活中的意义已不尽相同,但是传统的欧洲人还是重视他们的每一项生活细节,比如,在圣诞节里,大街小巷每一家的圣诞布置,让人望去从心底感到温暖。德国的教育与生活紧密结合,努力将他们引以为傲的传统继续传递下去。

复活节彩蛋

家家户户都必须装饰圣诞用品

带 3 岁的小 K 逛博物馆

> 原来欧洲的孩子从幼儿园这样小小的年纪就开始培养人文气息。不管孩子懂不懂,都要从人文与艺术开始熏陶。看那些孩子一张张天真无邪的脸与真挚的眼神,认真地听着老师解说——看,老师很认真地解说呢,不是只带孩子来"看看"而已!

带小 K 逛博物馆

小 K 是个爱逛博物馆的小孩,我想除了因为他本身感兴趣,也和我们对他的培养有关。

在小 K 很小的时候,我们每次出国都会带他去参观博物馆。为什么我们会有带小 K 参观博物馆的想法呢?其实是我们一次在奥地利旅行时所产生的灵感。

当时小 K 还没有出生,我和丈夫到维也纳旅行。当我们参观维也纳的艺术史博物馆时,看到一群可爱的幼儿园小朋友,大约五六岁。让我感到不可思议的是,维也纳的幼儿园老师居然带他们来艺术史博物馆看文艺复兴时代的画!这个欧洲的校外教学,让当时的我格外震撼。

原来欧洲的孩子从幼儿园这样小小的年纪就开始培养人文气息。不管孩子懂不懂，都要从人文与艺术开始熏陶。看那些孩子一张张天真无邪的脸与真挚的眼神，认真地听着老师解说——看，老师很认真地解说呢，不是只带孩子来"看看"而已！不管孩子们能吸收多少，老师都会为他们开启一扇欣赏艺术的窗户。从那时起，我就有这样的念头：我要让我的孩子将来也早早参观博物馆。带小孩参观博物馆的想法，也从此深植在我的脑海中。

所以，小K 3岁时，就被我们带去参观博物馆。

没想到逛博物馆这件事，在我们执行多年之后，竟可以在小K进入小学后延续下去，而且在学校教育中被德国老师们彻底执行。

欧洲人文荟萃，参观博物馆是平常的事，在每个城市，甚至小镇，都有各式各样的主题博物馆。我们所居住的城市，是德国东部的中型城市，由于历史的原因，这个城市的博物馆、古迹不在少数。因此，每隔一段时间，学校会有校外教学，每个学期会参观不同的博物馆，然后再由老师为孩子们解释这些博物馆的由来和历史。小学4年下来，学生们几乎参观了整个城市大大小小的博物馆。

从"玩乐"中学习

对孩子们来说，这样的校外教学主要是玩，但是在无形中，孩子们得到了很多收获。

尤其在德国，交通运输工具发达，大部分的校外教学不需要租游览车，老师会带着孩子们乘坐交通工具，比如电车、地铁、火车或巴士等。老师带孩子们到博物馆参观，让他们学习如何使用这些交通工具，减少开车，以落实节能减碳。每一次小小的行动，都能让孩子学习很多，不仅是知识，还有生活常识。

而除了平时的校外教学，老师在暑假也喜欢带孩子们到博物馆去逛逛。

我们所居住的城市，整个暑假是提供安亲服务的，家长每天把孩子送到学校来，安亲的老师会为孩子安排一些暑期的参观或健行活动，参观博物馆也是夏日活动中很重要的项目。令我印象深刻的是，有一年暑假的一天，儿子回来告诉我，他们去了一个地方看星星。

"是天文馆吗？"我好奇地问。

"应该是。那个建筑的屋顶是圆的，老师说，晚上可以从那里观察星星的变化。我们搭乘公交车、火车，下车后又走好久才到那里，位于一座山上。"小K兴奋地说。

孩子们对于浩瀚的星空，总是充满探索的兴趣。也因为如此，我才知道德累斯顿是有天文台、天文馆的，而且不在市区，是在约一个小时车程的小山丘上。之后，每当我们经过那满布葡萄园的小山丘，小K总是兴奋地指着远方小丘顶的天文台告诉我："我们曾经在那里看星星。"这个博物馆让他印象深刻，也充满愉快的回忆。

每一次小K从博物馆回来，都会兴奋地描述他当天的所见所闻，所以我知道博物馆对他来说，有许多的吸引力。等他渐渐长大之后，也开始喜欢参观不同的博物馆。

会动的博物馆

虽然进了博物馆，有时候也是走马观花，但是小K就是有源源不绝的参观博物馆的欲望。我以前刻板地认为，参观博物馆是静态的活动，后来却发现是因为我个人喜好的原因，去的都是静态的艺术博物馆，等到带着小K开始参观各式博物馆的时候，才知道有些博物馆竟然也可以把无聊的知识设计得很好玩，非常吸引孩子的兴趣。

例如，在奥地利的博物馆中，小K最喜欢的是维也纳的自然史博物馆、维也纳熊布朗宫的儿童博物馆、哈尔施塔特博物馆，以及茵斯布鲁克的施华洛世奇水晶世界。在维也纳自然史博物馆中，有早期出土的赛尔特人遗址、奥地利挖掘出来的恐龙化石等，我可以让小K花一下午的时间待在里面参观，他感到十分新鲜。

在熊布朗宫的儿童博物馆里，孩子可以体验当国王的乐趣，解说员为孩子们亲切地解释奥地利最伟大的女皇玛利亚·特蕾莎（她是法国被送上断头台的玛丽王后之母）的生平、告诉孩子们当时宫廷中王子公主们的生活并且解释十七八世纪时的宫廷服装等。穿梭在皇宫一间又一间富丽堂皇的房间里，能满足孩子们对那个时代宫廷生活的想象。

从孩子们的眼神中，我们可以看出他们在很认真地聆听。想想，如果把这些故事换成写在课本上的历史，我猜孩子们早已厌倦，但是把历史变成了故事，在真实的场景中，又是另一番滋味。每个孩子都听得津津有味，还会提出问题呢！

哈尔施塔特博物馆，则要深入地底。孩子们坐着当时开采盐矿的台车，深入地底去看盐脉，并且了解为什么在这离海甚远的深山中会产生盐矿、当时的人们用什么样的方法来开采深藏在地底的盐矿等等，小K从中学到了课本以外的有趣知识，到现在偶尔还会兴致盎然地说起这些博物馆。

小小博物馆迷

2010年的夏天，我带着小K从中国台湾回到德国原来的班级。小K要和久违了近一年的同学们在同一个教室里上课。出发前，小K问我："妈妈，上完课后回台湾之前，我们可以到慕尼黑几天吗？"

"慕尼黑？不是去年才去过吗？你想去慕尼黑做什么呢？" 2009年秋天，我们才带他去了一次慕尼黑，不知道他这次想去慕尼黑做什么。

"我想去慕尼黑参观博物馆。"啊？去慕尼黑参观博物馆？

我问："你想去什么博物馆？"

小K回答："上次我们去了小提琴博物馆、埃及博物馆，又去了自然博物馆，这次我们可以再去一次或参观别的博物馆。"

"你对BMW（宝马汽车）博物馆有兴趣吗？"

"有呀！那我们就去那里好了！"果然是男生，对车有一种无法抗拒的吸引力。他真是个爱参观博物馆的小孩。

很多朋友也因为他年纪小就喜欢逛博物馆而大为惊讶。

说到这里，我觉得有些德国博物馆是非常生活化的，令人想一去再去。举例来说，我们这次拜访的慕尼黑德意志博物馆，馆内以各种有用的知识做各种实验，用最简单明了的方式和语言，让孩子们了解物理、化学、历史、生态、地球、气候、星象、矿产、金属、航海、乐器、航空科技……包罗万象，应有尽有，让你参观一天都逛不完。

我想，欧洲各大博物馆的作用，无非就是希望在课堂之外，引发孩子更多的学习兴趣。多陪孩子参观各种博物馆，也许，孩子很多的学习动力、想象力、创作灵感，就是从了解博物馆的某个知识产生的。

小 K 妈妈的教养笔记

我们到德意志博物馆的最大心得是，发现这个博物馆是"活的"，包罗万象，让人体会不同的乐趣。其实，博物馆可以做得生动有趣：影像化、实体化、用有趣的语言或方式表达枯燥无趣的主题，等等，再加上让孩子有实际的参与感，我相信每个孩子都会喜欢参观博物馆。

拥有一个"空白"的暑假

> 对德国孩子来说,拥有许多"空白"的时光是一种常态,就算不放假,孩子们也有很多"空白"的时光。父母不安排他们上补习班,也不会因为怕输在起跑线而安排他们学很多的才艺,因此,孩子们从小就必须学会安排自己的空白时间。

懂得安排时间的孩子,永远不会感到无聊

在德国放假的日子里,我喜欢坐在落地窗前,看着社区里的孩子玩耍,他们经常成群结队从这家玩到那家,再从那家玩到更远的一家,或者总有几个孩子,默默地坐在地上发呆或画画,感觉很舒服自在。

我常想,为什么亚洲的孩子无法玩得如此自在,而且总是不断穿梭在一个又一个的活动或学习课程里?

其实,参加夏令营、冬令营的收获,有时候都没有暑假待在家里花园的收获丰富!

住在我们家斜对面的扬,比小 K 小两岁,他是附近邻居中与小 K 年纪相近、也比较玩得来的男孩。他总是在放假的时候或

放学的午后来按我们家的门铃。

"Monica，你好！"扬总是很有礼貌地问我，"今天小K有空吗？我可以来你们家跟他玩吗？"

"当然可以。不过你得先告诉你的妈妈，你在我们家，否则她会找不到你哦。"这是德国的"纪律"，孩子必须主动告知父母自己的去处。

"好。"然后我就看见他咚咚咚地跑回家，3分钟后，他抱着一堆玩具来了。

我经常偷偷观察小K和扬玩耍的情形。

有时候他们不一定玩相同的玩具，大多数时间是交换玩具，而且不冲突地玩着，一边玩，一边聊天儿，如果意见不一致，就大声吵一吵，然后又恢复和平。

有时候，这两个调皮的小男生在我们家或他们家花园里神秘地抓着蚱蜢，观察昆虫、讨论，接着就跑去找爸爸们问东问西，俨然自己弄了个自然教室般了不起。他们搬了一大堆实验用的玩具，把院子里的花草染成奇怪的颜色，接着还开心地跑来告诉我，他们做了一个多么伟大的实验，如何把树叶染成蓝色等"实验结果"。

让我觉得很神奇的一点是，德国小孩总是知道如何安排自己的时间。

他们有时在社区里相约骑自行车，可以玩一个上午；溜直排轮滑，可以溜一个下午；一个人、一只足球，可以消磨许多时光；他们有时候在自家花园的小沙坑，专心地挖沙子；大一些的孩子，有时会捧着故事书，在花园的草地上阅读；在夏天放一个家庭式游泳池、一把太阳伞，就可以玩水一下午……

对德国孩子来说，拥有许多"空白"的时光是一种常态，就算不放假，孩子们也有很多"空白"的时光。父母不安排他们上补习班，也不会因为怕输在起跑线而安排他们学很多的才艺，因此，孩子们从小就必须学会安排自己的空白时间。

这种现象常让我在家乡的朋友们大呼羡慕而且不可思议，有些则认为这些小孩真浪费时间，我认为这是受到环境的影响和大人给了孩子空间。

对于人的一生来说，可以无所事事又快乐的时光，应该仅有童年而已吧。如果站在孩子的立场思考，你希望有一个怎样的童年时光？你希望自己在永远无法停下来的学习环境中度过童年吗？在德国很多父母是博士，但他们不要求自己的孩子将来也是博士，反而让孩子更自然、更自由地发展，有些父母还送孩子进森林小学。在中国，即使有些父母不是博士，也强烈希望自己的孩子将来是博士，或者读更多的书，将来才能出人头地。

我深刻地记得，有一个北京的朋友跟我说："外国的孩子，很少有学习的压力。"这是很明显的中西方观念的差异。

德国人认为，每个孩子都有自己的人生，父母只能协助他们寻找方向，没有权利勉强孩子。他们认为，只有让孩子从小拥有自由的空间，孩子才能懂得如何自己做决定，将来才能够真正主宰自己的人生。

先学会独处，才能够思考

很多德国人认为，先学会独处，才能够思考。

我想是因为善于留白，所以德国才出现了那么多哲学家，在德国的海德堡还有一条哲学家小径呢！因为有空白，才能思考更多的未来和方向。当然，在德国也有什么都不思考的孩子，但是也因为他们想得简单，所以做事时格外专注，有时为了完成一件小作品，小小年纪的孩子可以几个小时都在做同一件事。

在学校的游戏室里，总是堆满各种益智游戏玩具，成堆的乐高和积木，还有傀儡木偶戏，让孩子在课后的时间，不在外面活动的日子里，做些动脑筋的事。

丈夫德国公司的老板亚历山大，在一次聚会中，听到我们说中国的孩子经常要读书或补习到很晚才回家，直呼不可思议："花那么长的时间，这样真的可以全部读进去吗？能一直专心在书本上吗？在德国绝对不会发生这种事。"

亚历山大的质疑，的确值得令人深思。

我们从小就是这样学习的，但是那么长的时间坐在补习班的课堂里、书桌前，真正吸收进脑中的知识，我相信和读书时间不长的德国孩子比起来，应该相差不多。如果是这样，为什么我们要死记那么多东西，而不愿意多花一些时间来思考呢？德国人很务实地认为，书要读进脑子里去，人需要有时间思考，将思考过的知识装进脑子里，才算是自己的。

人的脑力有限，过度使用并不一定能达到很好的效果。东方的日本、韩国也是如此。我们有位瑞士的律师朋友，到日本做客时，看到他日本女友的弟弟，为了考上医学院，每天读书到晚上一两点。他直呼："你们真是疯狂，这样读书真的好吗？我从小没有这样读书，现在不到30岁也当上了合格的律师呀！"

现代人过惯忙碌的生活，一旦停下来，很多人不知该做什么，连孩子也是如此。

英国知名畅销书作家理查德·泰普勒（Richard Templar）曾在其书中写道：

"你认识那些生活中被塞满一长串课程、训练、课外活动的孩子吗？如果你让他们到美丽恬静的地方，例如，山际、海滨、乡野间度假几天，他们将会不知所措。他们不知道该如何享受自我，因为他们从来没有时间学习独处，这会让他们难以面对成年后的生活。他们无法放松自己，因为从来没有人教他们该如何轻松度日。"

适时空白，才能填满更多

忙碌的社会形态，让孩子也变得十分忙碌：安亲班、英文课、才艺课……填满了下课后的生活重心。一旦停下来，许多孩子反而会慌了手脚，直呼无聊，不知该做什么。其实，一些适当的课外活动可以让孩子有所收获，但也需要孩子可以安排"自我时间"。空白，有时也可以让孩子受益良多。

前几年有人提倡"慢活"，这是个好的想法，但是如果我们从小就没有习惯享受偶尔空白的时光，如何慢下来呢？

在德国，我看到的是，每个孩子感觉都"无聊至极"，但是他们却可以认真且无目的地去完成一件在我们大人眼中毫无意义，在他们看来是很重要的事。例如，在社区的马路上独自一人把整条道路用粉笔画成七彩颜色，画完后签上名字，告诉你这是他的"大作"！真是有意思。

这些孩子并不是没有兄弟姐妹可以一起玩耍，只是他们经常可以独自完成一些事，不需要一直有人陪伴。如果感到无聊了，就到社区其他小朋友或同学家串门，这是很平常的事。若找不到玩伴，他们可以溜直排轮滑、打羽毛球、踢足球、荡秋千，都可以消磨一整个暑假的午后时光。令我印象深刻的是，在我们旧家附近的一个少年，风雨无阻，在固定时间出来荡秋千。你觉得他是不是"无聊至极"呢？也许他正在思考某些他认为重要的事，这是他每天固定的"独处时间"。

我经常想，孩子有同伴很重要，但也要有独处的能力，这是将来竞争的重要因素。

因为在独处过程中，孩子可以学习思考，可以心无旁骛地做一件事，也可以练习不害怕。无法独处的孩子，容易恐慌。在学校也是一样，学校里有各种各样的益智游戏，你可以自己玩积木，也可以和同学一起玩益智游戏，当天气好的时候，就到室外活动。

一般德国小学的玩乐设施不多，但是孩子可以玩出很多新花样。

任何一个人生体验，都不是浪费

我记得小时候常常被妈妈骂"浪费时间"，浪费时间看课外书、与朋友相聚并制造共同回忆，浪费时间在博物馆、听音乐、打球……这些都是体验人生的一部分，真的是浪费时间吗？

有了在德国居住多年的经验，小K回家乡后依然很悠闲，每天写完作业就看小说。他从来没受过正规中文和英文教育，回来之后中英文竟然都进步神速，完全拜"无聊"所赐。所以有时候寒暑假根本不需要安排满满的行程，偶尔让孩子漫无目的地玩耍，会激发他产生很多创意。孩子的很多想法都是从无聊和无意中想出来的，父母不要总是担心孩子赶不上别人，让孩子在过度充实的生活中渐渐失去天马行空的创造力。

我相信，每个孩子都有自己的路。

小K妈妈的教养笔记

孩子的"空白时间"是自由的，让他们学会安排自己想做的事，生活中就不再只有玩游戏、看电视和读书。他们可以想出更多可以做的事。创意，就从这里开始。

乌尔劳不从小开始

> 小K爸爸的工作合同上写着：每年有6周假，要在一年内都休完。如果没有休完的话，老板可能会怀疑你的工作能力——因为你连自己的生活都不知道如何安排，老板怎能期望你能安排好工作呢？这是很有趣的逻辑。

带孩子度假要列为学校公告

某天到幼儿园接小K的时候，我看到班上的布告栏上，多了一张平时没有的表格。

仔细一看，布告栏上面写着每个孩子的名字，旁边标注："请各位家长列出孩子们暑假即将度假的日期，以协助学校老师调配工作和度假的时间。"

暑假带孩子去度假，竟也被当作一件重要的事公告，很不可思议吧？可见"乌尔劳不"在德国，对于大人和小孩来说，都是一件重要的事！

德文中的"乌尔劳不"，就是"假期"的意思。

德国孩子的假期不少，因此假日里父母安排外出旅行，是一件司空见惯的事。有鉴于此，小K幼儿园的老师索性列出表格，让大家填上自己的假期，也好安排暑假幼儿园的活动，老师也需要安排自己休假的时间。

因为家里有上学的孩子，所以我很了解，寒暑假通常是父母最苦恼的时候。长长的假期里，父母多会为孩子安排许许多多的活动。中国台湾夏令营的种类之多，是欧洲国家望尘莫及的，所以很多人好奇，欧洲国家的孩子，暑假除了待在家里的时间之外，他们到底是怎么度过的？

人性化的休假制度

在德国，不论是工作还是上学，假期都有很多，因此如何安排自己的假期，是德国人很重要的必修课程。

因为有不同的宗教和文化，欧洲的暑假不像在中国台湾一样，一放就是两个月，时间比较长，安排上也不容易。

在德国，一般假期是比较分散的，主要的、较长的假期可以分成春假（即复活节假期）、暑假、秋假、圣诞假期以及寒假。

除了春假是一周、暑假约六周之外，其他的假期都为期两周。因为欧洲的夏天时间不长，而且夏季天黑得晚，因此大部分度假的人喜欢在夏天外出。

德国学校的暑假，为了错开度假旺季，各个联邦州的假期，前后大约会错开一至两周。也就是说，在南部的拜扬可能先放两周，然后早两周开学；而我们所居住的萨克森州，可能晚两周放假、晚两周开学。

据德国朋友说，这样安排是为了让父母能轻松安排假期，在暑假时可以带孩子去度假或旅行。我很喜欢这样人性化的休假制度。不仅父母可以自己安排时间，孩子们也可以利用假期和父母一起到处去走走，又不必到处人挤人，而且可以提早规划。

在欧洲，不论机票或是车票、旅馆，都是越早预订越便宜，所以德国人多会在一年或半年前就计划好度假的时间和地点，然后订好度假的旅馆和机票，与孩子共度暑假。

我记起刚到德国的时候，小 K 爸爸的工作合同上写着：每年有 6 周假，要在一年内都休完。

如果没有休完的话，老板可能会怀疑你的工作能力——因为你连自己的生活都不知道如何安排，老板怎能期望你能安排好工作呢？这是很有趣的逻辑。

老板总是认为，不会安排生活的人，一定也无法做好自己的工作，而且放假就是休息，而休息是为了让工作更有效率。

所以人们从小就认为，即使再没钱，也要想办法度假，就连已经失业在家的人，一边领失业救济金，每个月必须要到失业救济中心报到，一边仍然可以向失业救济中心请假，因为每个人都需要度假！

懂得休息，路才走得远

每当放完暑假后开学，老师总会请每个同学和大家分享暑假里的趣事和见闻，也可以说说度假的心得。度假回来写心得或上台报告，与大家分享度假的愉快经历。

小 K 则喜欢在旅行回来后，自己用照片与简单的文字做一本小小旅行书，到学校与老师和同学分享。有一次，他还得到老师的称赞和加分，因此每次度假后他总是乐此不疲地做小小旅行书。

我们不是常说"读万卷书，不如行万里路"吗？行万里路之后，孩子的心灵也有不少的收获。尤其在欧陆，还有一种叫作随订随时出发的旅行十分流行，也就是到出发前才做决定。虽然选择性不多，但是从价格上来说非常划算，包括了交通、住宿，等等，这种旅行方式既省钱又方便，很多欧洲小康的家庭都很喜欢。

还有一次，我在幼儿园里看到了一个有趣的画面。我去幼儿园接小K放学的时候，因为天气太热，老师在广场的草地上撑起太阳伞，让孩子们在伞底下玩耍。几个小女生拿着小浴巾铺在太阳伞下的草地上，拿出点心，一边吃，一边享受日光浴，这根本就是德国成人度假的模式嘛！

他们度假的观念就是这样从小开始一点一滴积累起来的。

没有人预设出去度假一定要有实质的"收获"，这也不是"浪费时间"。度假就是度假，有收获固然很好，但度假主要是为了休息，而休息是为了走更远的路。这一点，德国小孩从小就知道，而且终生践行着。

我常想，这样不是也很好吗？所以每一年，即使在德国的生活花费昂贵，我还是会想办法用最省钱的方式去度假。或是到附近的小镇骑自行车，或是为了省钱而不坐飞机，改搭来回44个小时的火车，千里迢迢地到意大利，住小小的便宜的旅馆，还有厨房做晚餐。我认为这样就很好，只是为了出去散心。

度假或短暂的旅行，可以让身心离开既定的生活模式，像风筝一样出去散散心，回来时不论是学习还是工作，都会达到事半功倍的效果。旅行、度假，可以让人从中获得更多能量。

> **小 K 妈妈的教养笔记**
>
> 据英国《每日邮报》的报道，澳大利亚维多利亚大学"旅游及康乐"专家瑟巴斯汀·菲列普（Sebastian Filep），邀请 60 位度假者及 200 位自助旅行者进行深入分析，研究成果显示，旅游真的能让人更快乐，因此可以改善健康，让人更长寿。

德国小孩的儿童节目

> 看电视不是一件坏事,但是看多了,并无太多益处。适度地看电视、为孩子选择好的电视节目,永远是父母在生活中的教养课题。当然,为孩子挑选节目的前提是,我们需要找到更多的好节目。

德国小孩最爱的频道

在德国,小孩看电视吗?当然看呀!现在应该很少有小孩不爱看电视吧?但如何安排孩子看电视的时间,就成为家长重要的课题了。

看电视其实是现代社会的娱乐方式之一,适度地看电视,而不是沉迷电视节目,应该可以算是良性学习的一种。

许多德国人不喜欢孩子看太多电视,反而希望他们在户外玩耍,因此会选择一些孩子喜欢的、有益的电视节目。

在德国,其实有许多不错的儿童节目。

小K最喜爱的电视频道——Kika,除了播放动画片之外,还播放知识性的节目,介绍环境、自然、人文等各种知识,利用动画、短剧、图像,让孩子了解生活中的变化。

主持人曾经在节目中介绍奶酪、酸奶等乳制品是怎么制成的，冬天森林里的动物怎样过冬，德国最大的太阳花（向日葵）竟然有 8 米高等，有时也教导孩子自己动手做简单的实验。看电视，就像看一本有趣的百科全书，激发孩子学习的兴趣。看电视可以吸收或验证课堂上所学到的知识，也算是件有趣的事。

播出卡通片最多的 Kika 频道，到晚上 7 点以后，就不会播放小孩感兴趣的节目了，这是因为 7 点以后是孩子必须上床睡觉的时间。

德国人认为，睡眠对孩子是很重要的，睡眠不足的孩子长不好，因此连电视台的儿童节目，都大部分在晚上 7 点 30 分到 8 点播完。

专为儿童制作的新闻

我有一个很欣赏的电视节目，是专为孩子们制作的儿童新闻。这个儿童新闻每天只有 10 分钟，但是它告诉孩子们每天世界各地发生的最重要的事，这对开阔孩子的国际视野很有帮助。

最近，这个电视节目还得奖了。想让孩子拥有国际观，应该去了解世界上每天发生了什么事，而不是在某个区域中画地为牢。

德国的儿童新闻，为孩子挑选重要的新闻，并且深入探讨和了解，例如中东战争、非洲的饥荒问题、全球变暖、火山爆发、墨西哥湾漏油事件等等。

除了告诉孩子这些新闻本身之外，还告诉孩子发生的原因、解决的方法、如何预防等等。

你一定觉得这样的电视节目不好看，其实不然，主持人用有趣的方式，最简单的语言，告诉孩子这个世界发生了什么事、我们该如何保护环境，出发点就是世界观，而不只是关心自己国家的新闻。

现今的世界是时刻变化的，身为世界中的一分子，绝对无法置身事外，这也是孩子未来应该关心的事。广泛地吸收知识，孩子就会有自我思考的能力，而不是只能吸收老师和父母灌输的观念，孩子也可以有自己的想法。

帮助迷途青少年找回自我的节目

每个国家都有问题青少年，当然德国也不例外。我曾经看过一个电视节目拍摄专业的社工，讲述如何帮助一些迷失方向的孩子找回自己、肯定自己的故事。

有一群孩子，因为不想上学而离家。父母们劝说不动，无计可施，因此帮他们的孩子报名参加这个电视节目。几位社工人员集合了这些没有目标、不想回家、也不愿跟人合作的青少年，乘飞机到美国的一个沙漠里生活。

沙漠里什么都没有，他们必须互相信任、互相帮助，才能够活下去。如果有任何问题，可以找社工人员沟通，以获得帮助。孩子们在这样陌生的环境里过了两周，这些叛逆的孩子为了生存下去，终于愿意与其他伙伴合作。

借由这样的环境与心理治疗，帮助孩子们找到努力的动力。

我相信，制作这样的节目成本很高，但是有教育意义，能引发孩子们以更好的状态回到现实。

德国版电视节目《全能住宅改造王》

还有一个节目，也是我们全家经常一起观看的。这是由一位女室内设计师、一位建筑师以及一个专业的水电和建筑团队，为一些需要帮助的家庭重新打造新家的节目。

有些家庭因为父母生病无法外出工作、家中有残疾或特殊问题的孩子或是有经济困难的单亲家庭，只要写信给这个节目的制作单位，他们就会为你免费翻新居室内部的装潢，并且帮助行动不便的家庭成员设计无障碍空间等。这个节目在德国很受欢迎，也因为如此，帮助了很多需要帮助的家庭。像这样的电视节目，很适合家庭成员一起观看。

看电视不是一件坏事，但是看多了，并无太多益处。

适度地看好的电视节目，有助于孩子了解时事、增长知识。还有些孩子甚至被看电视影响作息时间，他们在几点钟一定要守在电视机前看喜爱的电视节目，若父母无法满足他，就会发脾气。

除了为孩子选择好的电视节目之外，德国父母比较主张不要让孩子养成看太久电视的习惯，如此可以让孩子除了看电视之外，也做些别的活动。有些德国父母为了不让孩子看太多电视，严格控制孩子看电视的时间，并培养他们听音乐、看书、听广播的习惯，甚至在漫长的冬夜里，陪孩子玩益智游戏。

适度地看电视、为孩子选择好的电视节目，永远是父母在生活中的教养课题。当然，为孩子挑选节目的前提是，我们需要找到更多的好节目，否则看一些没有意义的节目，会让人有种想关掉电视的冲动，倒不如安安静静地看一本书更好。

> **小 K 妈妈的教养笔记**
>
> 只要谨慎地选节目、陪孩子一起看电视、控制孩子每天看电视的时间，那么看电视也有好处。

训练小狗陪孩子读书——狗狗计划

> 现在,小 K 的阅读速度已经可以超越爸爸,并且经常催促爸爸赶快看完小说,好跟他一起讨论书中的内容。

狗狗计划,专业的牧羊犬陪孩子读书

当我们还居住在英国的时候,我曾经看过一个电视节目——如何提高孩子的阅读兴趣。

这个英国节目的调查显示,越来越多的孩子不喜欢坐下来阅读,于是人们想出了一个新奇的方式来激发孩子阅读的兴趣,称为"狗狗计划"。

这个有趣的计划,就是请专人训练出专业的牧羊犬来陪小朋友读书,训练小朋友坐下来读书的定力,也就是请小狗来当孩子的书童,陪伴并督促他们读书。

在这个有趣的计划中,只要有小朋友放下他的书不看了,牧羊犬就会过去帮小朋友翻书,并且坐在一旁陪伴他。连续 3 个月,孩子每天放学都在学校阅读一个小时,让原本不爱阅读的小朋友可以静下心来读书,孩子久而久之养成阅读习惯,就不需要再借助小狗的督促了。

我觉得这个方式真有意思,虽然是希望孩子阅读,但不是采取一味强迫的方式。在西方教育中,阅读被认为是最基本也是最重要的能力,不强调死记硬背,而是鼓励所有的孩子大量阅读书籍,从阅读中识字。

培养孩子自主阅读的能力

有人问我,你家孩子喜欢阅读吗?怎样才能让孩子自主性地喜欢阅读?

我想,除了学校老师的鼓励和培养之外,父母也有举足轻重的作用。小K在德国时,就已经培养出了自主阅读的能力。

在德国,小学生学习压力不大,孩子有很多自由支配的时间,因此在小K渐渐识字之后,我们开始有计划地培养他阅读的能力并提高阅读的速度。

由于小K当时熟悉德文,但我们无法用德文陪伴他阅读(因为我们也不会),他所认识的中文字也不多,因此我们就从英文阅读开始。

一开始,我们和小K一起选了一套他喜欢的小书——这本书既有图也有简单的文字(比绘本的字稍多一点儿)。

我们每天选一本,读给他听一遍之后,再让他自己读一遍,接着再讲解书中的故事给他听。

当他了解书的内容之后,他自己再重新念一遍,也可以和我们继续讨论书里的内容。起初小K读得结结巴巴的,但是经过一段时间的训练之后,他不但可以正确地读出英文句子,而且逐渐开始了解书的内容，于是我们需要解说的部分就越来越少了。

从阅读中帮助孩子建立成就感

阅读也是一种行为的学习和培养。

有一段时间，小 K 爸爸的工作不那么忙，所以就开始重新读起英文版的《哈利·波特》。

经常在一旁玩耍的小 K 看见爸爸每天都捧着书看，引起了他的好奇心，就凑过去问："爸爸，你在看什么书呀？"

"我在看《哈利·波特》。"爸爸回答。

"我也想看。"小 K 很认真地说。

"好啊，那你就去拿一本你喜欢的来看吧。"

于是小 K 到书房里拿了《哈利·波特》的第一集，煞有其事地坐在爸爸旁边看了起来。

一开始我不知道他能看懂多少，但是一段时间后，他居然开始和爸爸讨论起《哈利·波特》书里的内容，而且越来越有兴趣。

看过英文版后，他还要求看德文版，这让小 K 在阅读中充满成就感，因此他开始对阅读书籍充满兴趣。

除了《哈利·波特》，他也开始接触阅读更多喜欢的书。一两年下来，他已经可以用英文、德文阅读整本的小说了。

现在，小 K 的阅读速度已经可以超越爸爸，并且经常催促爸爸赶快看完小说，好跟他一起讨论书中的内容。

阅读习惯是需要长时间来培养的。除了阅读初期需要用朗读和陪伴阅读的方式之外，常带孩子到图书馆、书店去逛逛，也容易激发孩子对阅读的兴趣。当孩子找到阅读的兴趣，就不用担心他不喜欢看书了。

> **小 K 妈妈的教养笔记**
>
> 养成阅读习惯极其重要，除了增长知识，还可以掌握丰富的词汇，提升写作能力，这是一举两得的。

孩子的适应力是培养出来的

> 我问小K，我们这样搬来搬去，他会不会觉得不好，或是没有朋友可以一起玩？他竟毫不犹豫地回答："不会呀，搬到新的地方，过一个月就有朋友了，新的朋友加上旧的朋友，我就有世界各地的朋友啦！"

孩子的适应力与是否聪明无关

2009年11月，我们全家人结束了在欧洲5年多的生活后回到中国台湾。我被问到很多关于孩子的适应问题。

"你的孩子适应得如何？跟得上吗？"

"他还会说中文吗？"

"对他来说，学中文应该很难吧？"

我听到了各种千奇百怪的问题。

小K回到台湾的时候，读的是三年级。他除了在台湾上过一年的幼儿园之外，一直都在接受欧洲的教育：两年在英国、3年多在德国，所以大家当然会怀疑他的中文能力和适应能力。而当我回答，他适应得很好，甚至很喜欢他的学校时，大家都不可思议地说："小K这么棒啊？他是我看过适应能力最好的小孩了，应该很聪明吧？"

在我看来，我不认为小K是一个特别聪明的孩子。他有些小聪明，但是与他的适应能力良好没有很大的关系。他的适应力，是我们用环境细心地慢慢培养出来的。

也有人说，因为小孩就处在那个环境中，所以没有什么不能适应的。我并不十分同意这个说法。孩子的适应力，虽说比成年人好一些，但不代表只要把他放到任何一个新环境中，他就可以自然而然地适应一切，这样只会增加孩子的挫败感和适应不良的排斥感。

给孩子任务，消除对陌生环境的恐惧感

以小K来说，三岁半到四岁之间就进入苏格兰当地的幼儿园就读，在一个陌生的语言和环境中，他必须学习自己往前走。

我记得当时他进入爱丁堡的一家幼儿园，一开始他很害羞，我相信他也很害怕。我在送他到幼儿园、离开学校之前，告诉他："学校很好玩，老师人也很好，你有事就跟老师说，不会说就用手比画。放学时妈妈来接你，回家后你教我英文喔！"

我让他有了一个憧憬和小小的责任，他就会稍微忘记恐惧。

刚开始的时候，孩子必须学习如何融入一种语言、文化及同学、老师与熟悉的环境完全不同的团体。对孩子来说，这是个无比艰巨的挑战，而且还要学习在学校中任何事都要自己完成。即使年纪那么小，老师还是训练他们凡事自己来，最多从旁协助。

就这样，在进入爱丁堡的幼儿园大约两周后的一天，儿子告诉我，有一个老师，看他总是坐在那里很无聊，于是每天抽空单

独用图片教他读英文单词，而且老师跟他说话的时候，不但语速特别慢，还会用一些肢体语言让他不要害怕学习英文。因此，他偶尔也跟我说一些英文，因为我说过，请他一定要教我，所以他很认真地把他会的东西都教给我。

短短一个多月后，小K可以完全融入幼儿园的生活。虽然他的语言还不能说得很流利，但是已经可以跟着大家一起做游戏、听故事了。后来，因为搬家，他转入格拉斯哥另一家幼儿园，遇到了来自中国台湾的小朋友和另一个妈妈来自日本、爸爸来自苏格兰的小朋友，因此他更加喜欢这所幼儿园了。

适应力不是天生的，而是逐渐培养出来的

在苏格兰上学近两年，当丈夫在英国读完书并在德国找到工作，我们全家必须搬到德国时，许多朋友、家人担心地问我："你们这样搬来搬去的对孩子好吗？"起初我也担心语言和环境的转换让孩子不适应，但是为了工作，我们还是举家搬迁到了德国。

我花了相当多的时间和小K沟通搬家、转学的事，让他对新生活有些憧憬，以免一开始就产生排斥感。渐渐地，我却发现，这样的搬迁不仅没有让他中断学习，还让他多了一种前所未有的能力——也就是适应力，还有第三种语言能力——德语。于是我开始渐渐相信，适应力不是天生的，而是可以逐渐培养的。

培养适应力，不是放任孩子自己去适应，毕竟孩子的年纪太小，经历很多的挫折并不是件好事。有些孩子因为转学，加上父母没有特别注意孩子的心理状态，导致孩子因为环境、语言产生

适应不良的状况，出现了一些行为偏差和心理上认同的问题。

我曾在德国见过一个孩子，因为家庭因素，他在小学高年级时，才从中国搬到德国。他因为德文不好，家境又不足以支付国际学校昂贵的费用，进入德国当地的学校后，他极度不适应，他的父母没有给予他适当的帮助和做心理建设去融入新环境，所以他非常排斥新学校，产生了许多问题。

帮助孩子适应环境的好方法

对孩子来说，环境转换不一定是件坏事，孩子得靠父母的帮助去自我成长。孩子越快融入新环境，就越有竞争力，因此我学会了许多帮助孩子适应环境的方法。

每当遇到搬家、换工作、换学校等大变动之前的一段时间，我会先给孩子做好心理建设，告诉他，我们为什么要搬家，搬家后他可能会遇到哪些有趣的事，会有更多的同学和朋友，学习更多的东西，让孩子先有正面的想法和能量。另外，我学会在孩子转学后与老师沟通，然后帮助孩子找到朋友，邀请他的朋友到家中一起玩，或拜访新同学、邻居等。我会尽快帮助孩子建立新的生活圈和社交圈，这样他在学习、生活上就会很快适应了。

就这样，小K刚满9岁，却已经因为我们搬家，读过了中文、英文、德文共6所幼儿园及两所小学，他的学习能力和适应力都不错。我相信，只要让孩子自己去适应环境，凡事都会变得容易克服，而不是被父母告知要转学或搬家很被动。经过多次转学和搬家，再加上小K渐渐长大，他在语言上也拥有了能够自我调整、尽快进入状态的能力。

我有很多不同国家的朋友！

在回到家乡大约 3 周后，在放学回家的路上，小 K 忽然告诉我："妈妈，你说的是真的！"

"我说的什么是真的？"

"你不是说，虽然我们这样搬来搬去，但我会有更多不同国家的好朋友吗？我发现是真的！你看，现在我有中国台湾的同学，还有苏格兰的 Richard、Neo，德国的 Armin、Cerlina、Lukas、Marvin、Jan……我有好多不同国家的朋友！而且，我有空还可以跟他们在线聊天儿，真好玩！"

我问小 K，我们这样搬来搬去，他会不会觉得不好，或是没有朋友可以一起玩？他竟毫不犹豫地回答："不会呀，搬到新的地方，过一个月就有朋友了，新的朋友加上旧的朋友，我就有世界各地的朋友啦！"

现代社会国际化的结果，让很多家庭不得不因为父母工作的关系而四处搬迁，许多孩子也必须不断适应转学的生活。其实父母要懂得适时放手并给予适当的鼓励与帮助。在每个新的环境中，试着让孩子自己往前走，久而久之，他们就自然而然地培养适应能力了，并且可能超出你的预期。

小K妈妈的教养笔记

父母不要太担心环境的转换对孩子的影响,因为改变也意味着进步与成长。孩子要长大,必须学会自己跌跌撞撞地往前走。最重要的是,为孩子做好心理建设,这才是帮助孩子适应新环境最重要的课题。

■ 小K和他最好的朋友

中国台湾与德国的教育大不相同

> 亚洲人注重孩子的学习成绩，是德国人望尘莫及的。在中国、日本、韩国、新加坡，父母对孩子的学习成绩总是过度担心，生怕自己的孩子输在起跑线上，所以为他们报名了满满的才艺课程和补习班，这让孩子缺少了童年的欢乐。

德国假期访友趣

回到家乡 8 个月后，利用暑假，我们带着小 K 回德国去拜访他的同学、老师，并且上了将近 3 周的课。

我们也利用这次回德国的假期，拜访了朋友 Anna 的公公——一位退休的老校长 Werner Retschel，更深入了解东德时期的教育。Anna 和她的德籍丈夫在约定的时间到我们的住处，接我们一起前往 Werner Retschel 的家。从蜿蜒的山路，走进一座宁静的小村落，这里离德累斯顿约 20 分钟车程，几百年来似乎都没什么改变。

我们在 Retschel 校长的屋子里喝下午茶，了解更多德国教育，也交换了一些对孩子教育的意见，发现中国台湾和德国受教育的情境以及教育的观念是不同的。

亚洲人注重孩子的学习成绩，是德国人望尘莫及的。在中国、日本、韩国、新加坡，父母对孩子的学习成绩总是过度担心，生怕自己的孩子输在起跑线上，所以为他们报名了满满的才艺课程和补习班，这让孩子缺少了童年的欢乐。

相较于亚洲，我觉得德国的孩子童年过得比较快乐，德国父母不会一味地要求孩子成绩名列前茅，也不会刻意要求孩子学习他不想学的才艺。孩子对自己真正的兴趣是比较有掌握权的。

适时放手，让孩子面对成长的问题

虽然在欧洲德国教育已经做得不错了，但还是有很多德国人不满意教育现况，有人认为上课时间太晚，有人觉得中学课时数太少，还有人觉得基础教育年限太少等等，人们对教育有不同的声音，但基本上对孩子们是相当保护的。虽然训练他们独立，但不会轻易让孩子独自冒险，这和我以前在书上看到或听说的德式"残酷教育"——冬天把孩子放到户外、认为多穿衣服容易感冒等，有很大的出入。

比起德国，中国的孩子可能受到过多的保护。

例如，德国孩子在学校中必须学会自己去解决与同学之间的问题，不是一开始就依赖老师来解决。而在中国台湾，老师、家长对孩子犯错的容忍程度是比较低的，因此很多行为容易在不知不觉中被放大。

如果中国的老师和家长可以用更幽默的方式去引导孩子的行

为，学习不干涉孩子与同学之间的琐事（有时候这是孩子们自己的事，隔天就忘了，但有的小事却涉及家长之间的不愉快），我想中国的老师和家长一定可以轻松许多。

小K开始了在台湾的新生活，在学习上适应得不错，中文读和写的部分更是进步神速，所以环境果然是学习语言的重要因素。

而在文化和气候的适应部分，对小K来说是比较难以克服的方面。他从来没有在台湾南部地区居住过，变得容易发脾气、心浮气躁，加上人与人之间的距离太接近，发生冲突也比在德国时多。

有时候小K发脾气，老师会让他一个人在不被打扰的角落安静地坐着，过一会儿，他就能调节过来，而且把刚刚的不愉快忘记了。身处不同环境、与不同的同学和老师相处，想办法适应环境，这是对他最好的磨炼。

不同的教育方式，教出不同生活态度的孩子

此外，不同的教育方式，自然教出不同生活态度的孩子。

在孩子成长的过程中，除了学习成绩，品格的教育也要更加留心和重视，尤其是如何帮助孩子找到自己的方向，才是最重要的。

小K妈妈的教养笔记

中国孩子的学习压力过大,更需要父母、老师的耐心开导和关心。我写这本书,并不是为了宣扬德国教育做得有多好,而是希望通过与大家分享长期在德国生活及陪伴孩子学习、成长的经验,帮助辛苦的父母,在中国的教育制度下,也能找到全新的观念与方法。在孩子成长的过程中,多创造一些快乐与回忆。如果我能够帮助父母和孩子,那么写这本书,就非常值得了。

带你了解真实的德国

德国父母的 5 条教育法则

1. 懂得适时放手

德式教育，父母不会给孩子过度的宠爱。当孩子遇到困难时，父母不会代替孩子做事，而是给孩子尝试的机会，鼓励孩子自己去分析问题，找到解决的方法。德式教育下的孩子能够学会思考，成为一个有主见、有担当的人。

2. 快乐比成绩更重要

比起成绩，德式教育更注重培养孩子的创造力、想象力、灵活性。德国的《基本法》(宪法) 中明确禁止给学龄前儿童教授学科知识。老师的主要任务不是教孩子计算、写字等，而是培养阅读习惯、引导孩子发展潜能。

3. 混龄教育

德国的幼儿园采用混龄教育的模式，将不同年龄组的孩子编在一个班级（德国称之为小组）中游戏、生活和学习。大孩子学会照顾小孩子，小孩子最终也会成长为照顾他人的角色。孩子们在相互照顾、互帮互助的情况下成长，更能够提高他们的责任感和自理能力。

4. 培养品德不靠教导

良好的品德是在潜移默化中滋养的，而不是被大人教导的。德国的学校一般不开设品德教育课，而是选取一些学校里或者社会上发生的事情，让孩子们发表看法、集中讨论，自己去判断是非对错。

5. "再富也要穷孩子"

许多德国的富商不会把自己的财产全部留给后代，而是将大部分甚至全部财产都捐给慈善机构。大多数子女也支持父母的这种做法，因为父母有支配自己的财产的权利。他们相信，真正的幸福来自个人的奋斗与成就。

如果你正在阅读这本书，正在思考是否让孩子到德国留学，希望这本书里提供的建议能帮助你做出正确的选择。教育与学习是一条漫长的道路，而目标是期望孩子迈向更好的人生，希望我能够为你找到更正确的答案。

4 Chapter

关于德式教育，所有父母都想知道的 Q&A

22 个关于德国教养问题的 Q&A，让你的孩子迈向更好的人生

我曾受邀至各地演讲，分享德国的教育与欧洲旅居的经历。我在这部分整理出许多父母最想要了解的问题，希望能让更多读者了解德式教育对孩子未来的影响，让孩子按照自己的性格特质学习，并发挥所长。

Q：在中国能够实行德国教育吗？

A：我在演讲时，很多读者都想问这个问题。

其实，我介绍德国教育的目的，并不是要照本宣科地将德国教育复制到中国来实行，而是希望大家可以学习不同的教养方式，思考中国目前教育环境的优势与改进空间，以及你的孩子能在这样的环境下拥有怎样的未来。简单地说，德国的教育重视生活教育和家庭教育。所谓生活教育，就是让孩子从生活中学习，掌握一些生活的经验，学习不同年纪该有的生存技能。比如说烹饪，德国是一个外出就餐昂贵的国家，大多数人不会经常外

出就餐，因此每个人都要学会一些基本的烹饪技能，而这些是孩子从小开始学习的。

此外，德国人严守纪律，而孩子也从小被教导要守规则，如果不守规则，就会受到处分。德国法律规定，不能够使用暴力体罚孩子，但是没有规定不能用其他的方式教育孩子。比如大家玩耍时有人拿沙子扔同学，这个扔沙子的同学就会被老师惩罚，在旁边罚站看其他人玩，绝对不会让他去面壁，因为面壁不会让他反省做错了什么，也不能让他体会到看着大家玩，自己却无法参与玩乐的感受。

这样教育孩子几次之后，孩子这样的行为就会减少了。所以德国人讲究用方法，让孩子反省和认知，这样更容易让孩子认识到自己的错误，而不是责骂和说教。在学校如此，在家里也是如此。

通常，孩子不听话或很难沟通，很可能是大人没用正确的教育方法。因为每个孩子不同，每个年龄阶段的孩子也不同，因此教育方法必须经常改变才会有效，不是同一种方法用在每个孩子身上都有效。我看见德国父母从小（几乎是孩子什么都不太懂的时候就开始了）就采取比较成熟的方式和态度告诉孩子每一件事，他们用孩子可以理解的语言，并且会给孩子思考的空间，而不是每次都先指出孩子的错误。

我想分享一个德国妈妈分给孩子们麦片的例子。

我前一段时间在网络上看到一个德国热门 YouTube

影片，影片中叙述的是两个孩子早上吃麦片，都觉得对方的麦片比自己的多，妈妈为他们各自倒了一把麦片之后，才转过身去，两个孩子又吵起来了。

无奈的德国妈妈，只好在两个孩子中间坐下来，把圆形的早餐麦片全部倒在桌上，你一个、他一个地分给两个孩子，到最后一个的时候，两个孩子都快打瞌睡了。小男孩以为妈妈已经分好了，着急地伸手去拿牛奶要倒入麦片中。

"喂，等一下，不要急。"妈妈按住小男孩的手说。

接着妈妈拿来菜刀与砧板，把最后一个麦片切成两半，各分一半之后，才告诉他们："好了，你们现在可以倒牛奶了。"

两个孩子无言相对，可能没想到吃个早餐会这么麻烦吧。

到了中午，妈妈把午餐准备好，两个小孩又跑来餐桌，小男孩迫不及待地要伸手去拿锅里的意大利面。

妈妈说："等一下。"

接着妈妈拉出椅子坐下来，说："我担心你们又觉得分配不公平，所以我来分。"

于是，妈妈又你一根、他一根地分起了意大利面。这要分多久，才分完一锅面呀？

看完这个小短片，我忍不住笑起来。

妈妈让孩子了解自己的某些行为不妥，采取的"对策"真的极为重要！

我在德国居住的几年里，见过很多这样坚持且耐心的妈妈，即使她们快要被孩子弄到抓狂了，出于她们的高情商，通常也会想办法换一个方法来让孩子接受，而不是强制性地压制孩子不当的情绪或行为。

这样的教育看似简单，执行起来却十分困难。

德国的家庭教育规则，就是利用这样点点滴滴的小故事积累起来的。

我们在教导孩子，或引导孩子行为规范的时候，通常已经被孩子的行为气昏了头，先是发脾气，接下来就是一连串的责骂或说教。也许责骂或说教一时起到了效果，孩子安静下来或是妥协了，但很难不再犯。德国妈妈的做法，通常会让孩子想到再犯同样错误时导致的后果，这样孩子收敛的可能性就会大大增加，而随着孩子的成长，妈妈们就会越来越轻松。所以我在德国时体会到"忍一时之气，真的可以换来很多轻松的时光"。

德国教育方式的观念是值得学习的。家长必须先花时间观察了解孩子，并且想想孩子犯错的动机。惩罚的目的不是为了发泄自己的情绪，而是让孩子认识到错误，并且有意愿去改正，这才是最重要的。

Q: 德国父母很重视孩子的学业成绩吗？

A: 我觉得全世界最注重成绩的父母，应该是亚洲的父母，而且不论身处何处，都不会改变。

德国父母不是不注重成绩，而是他们更重视孩子能否跟得上学习，孩子是不是可以为自己的学习成绩负责，而不是只看成绩好坏；也不是看孩子成绩不好，就想办法找老师花更多的时间补课，因为成绩不是衡量一个孩子好与坏的关键点。

德国父母从不认为，孩子一定要读大学才是最有前途的。

我曾经看过一项调查，德国人上大学的比例只有大约11%，其他的人都按照自己的兴趣和能力，选择未来的职业与方向（有更多人倾向于选择高等的职业教育）。

因为不是所有的人都适合或有能力上大学（小学入学甚至有智力测验作为参考），在德国大学里不是"混"就可以毕业的，不认真学习可能就没办法毕业。这是比上职业学校还糟糕的选择，所以家长们从小就让孩子选择自己能力范围之内可以做的事，这与成绩不是完全相关的。

还有人说，德国人"刻意"让孩子输在起跑线。这种说法有些过了。德国家长只是用比较平常的态度和眼光去看待孩子一时的成功或失败，因为这不是永远的。

学习是长远而持续的过程，孩子在起跑线上的成功或失败，都不是最终结果。

父母要花时间观察或者帮助孩子发现自己的专长和兴趣，才是教育最重要的目的。德国人教育孩子最不希望看到的是，只是成绩好，但找不到生活的方向。德国人认为，成绩很重要，但不是全部。孩子必须找到并肯定自己的生活价值，才是最重要的。

Q：德国父母怎么给孩子零用钱？给孩子多少零用钱合适呢？

A：我先分享一下小K"申请"零用钱的小插曲。

小K大约在小学六年级的时候跑来告诉我："妈妈，我看到德国的一个给青少年看的节目里，他们都有零用钱，我也需要零用钱。"

"好啊，那你觉得我给你多少零用钱好呢？"

"德国小孩六年级每个月大约有18欧元（当时1欧元相当于大约40台币）。"小K很认真地回答，显然研究过。

"那你也想得到这些零用钱吗？"

"嗯……差不多是这样吧。"

"好吧，那我给你一周200台币，这样一个月也跟他们差不多了吧？"我换算了一下台币，取个大约值。

"OK！"小K点头成交。

一般德国小孩是有零用钱的，这些零用钱不需要劳力来换取（帮忙做家务、除草、粉刷等），因为帮忙做家务是家庭成员分内的工作，使用零用钱是孩子练习支配金钱的一种训练，父母可以建议和协助孩子使用，绝大多数孩子可以自己任意支配。

孩子可以从实际操作中体会金钱的支配和使用，这些零用钱就像孩子的工资，他们必须学习如何支配使用，而不是毫无规划，只要没钱就向父母要。长久下来，等孩子长大了，对于金钱的使用也形成一定的概念，因此德国人较少有债台高筑的情况。从小培养孩子的金钱观与金钱支配的概念，对孩子的未来是相当有助益的。

Q：德国孩子放暑假都在做什么？父母给他们安排很多活动吗？

A：小K上德国小学时，即使放暑假，有些学校还是有类似"安亲"的制度，也许当时我们居住在德国东部，很多家庭是双薪，因此家长会在暑假的时候让孩子到学校。老师在学校会安排一些活动，无论是在学校里，或者到户外踏青、参观博物馆等，每天的活动都不一样，孩子和家长可以自行选择。如果孩子没有到校外活动，也可以留在学校里做一些不同的活动。

另外，也有一些家长让孩子参加夏令营。夏令营的种类不多，比较普遍的是足球夏令营，13岁以上的孩子则可以参加更多的活动，如语言学习类。但更多的父母会安排全家的度假行程，或者送孩子到爷爷奶奶家度过一小段假期时光，父母则自己去旅行等。

但是综合以上的活动来说，时间都不会太长，活动也不会很多，孩子有很多空白的时间可以自行安排，他们也不一定学特殊的才艺课程，小K小时候在德国上小提琴课还放暑假呢！

德国人认为，暑假就像是画作上的留白一样是必需的，而不是把孩子的时间都填满，让孩子没有自己放空、开心的时间。他们认为，孩子不会规划自己的时间是没有创造力的，所以暑期课程排满，对孩子的未来不会有任何帮助，只是让孩子头昏脑涨而已。德国人鼓励孩子到户外抓昆虫、观察生物、阅读自己喜欢的书籍，这样的暑假才更充实且充满生活能量！适度的空白时光，对孩子是很好的调剂。

暑假也可以是让孩子发现新兴趣的一段时光。

小K今年返德参加足球夏令营之后，告诉我们他此行的新收获："我觉得我应该再学一种语言。"

"喔，那你觉得要学哪一种？"我很好奇地问，不知他学法文之后又想学什么。

"意大利文或俄文吧。"他想了想，又说，"等法文学到一定程度之后，我还是先学俄文吧。"

"哦？为什么？"

"这次营队里有很多意大利人和俄国人，我感觉学俄文应该比较有用，意大利文晚一点儿再学吧。"

每次参加夏令营之后，小K总会有新想法，随着年龄增长，观察到和收获的逐渐增加。

所以，小K说："暑假就是暑假，干吗要一直补习？暑假可以游泳、看小说、画图、骑车、和同学聊天儿、看电影、玩游戏，或者去夏令营交新朋友也不错。"

Q: 德国人做事都很有计划，那么怎么教孩子做计划呢？

A: 做计划是一件容易的事，但要严格执行起来就不那么容易。

例如，我记得在德国上德文课时，老师将基本的问候语、数字、单字等教完之后，就有一个主题，让我们说出自己一天的行程，也就是要用德文说出你今天的计划，这样让我们熟悉和练习德文的日常生活用语，也说明了"做计划"对于德国人的重要性。

德国人把"做计划"这件事深入生活，认为是十分重要的。曾经让我最为惊讶的，是我在拿到小K小学入学的行事历时，我发现拿到的不是这一学期，也不是这一学年的假期表和学校行事历，而是未来3年的完整假期表和行事历计划！我十分震惊，这些计划在未来3年都不会改变，一定会完全遵照执行。你说德国人不知变通也好，严谨也罢，但是他们做计划的精细程度，真的是近乎于完美且可行的！

我想这就是为什么德国工业如此精准，就是因为他们可以将计划中的理论与实际完美结合的结果吧！

做计划可说是从小开始的，而且一定要让孩子在实际生活中练习。

在德国的教育中，孩子学习做计划是一件很重要的事，老师会不断找机会让孩子写下他们必须做的事，然后分别引导并监督他们执行。大约经过半年的时间，孩子就会自然而然地知道凡事都要做计划。有些事完成并不难，但是需要持续地去执行，孩子更需要的是我们引导他去执行和操作，而不是命令式的"指挥"和"教导"。你自己都不这样做，如何期待孩子会按照你的要求做呢？

Q： 父母都很忙，如何坚持和孩子互动？德国的父母怎么做？

A： 比起德国的父母，中国台湾的父母的工作节奏和可以陪伴孩子的时间可能明显比较少。台湾父母每天可以抽出30～60分钟时间和孩子聊天儿、讲故事、看书。

德国孩子一般独立得早，长大之后与父母相处的模式会不断改变，因此父母很珍惜与孩子相处的时光。父母和孩子的互动最主要看质量，而不是时间长短。只要建立起良好的亲子互动关系，孩子在未来的沟通上也会比较顺利。

Q： 在台湾，孩子无法晚上 7 点就上床睡觉，如何让孩子早点睡觉呢？

A： 想让孩子早点上床睡觉，就要从小建立规律的作息习惯。在习惯建立之初，保持每天固定的作息时间，不要因为任何理由而打破规矩。当孩子适应之后，就会养成早早上床睡觉的习惯。虽然不一定是 7 点入睡，但是父母的坚持，一定能让孩子从小养成良好的习惯。

Q： 德国孩子有玩手机或玩游戏的问题吗？德国父母怎么规范孩子的行为？

A： 现在，也许有越来越多的德国小孩玩手机或玩游戏，但是比例一定没有中国台湾高。

在我们旅居德国的时候，电动玩具、手机在德国孩子的生活中是不普遍的。首先，德国父母也不会因为要和孩子联系，为了方便，在孩子小时候就送给他一部手机，所以孩子自然没有养成习惯，不会沉迷玩手机。当然这不是全部,因为德国还是有因为沉迷玩游戏而发生悲剧的,但主要原因大多是在家庭教育上的问题而导致的。其次,德国人热爱户外运动,所以每到假日,德国人会带着孩子出游,到郊外踏青、野餐、骑自行车、健行,因此不会让孩子养成沉迷玩游戏的习惯。小K在夏令营当中,虽然与同学们互加脸书,但是他们不太常用,反而用电子邮件比较多。这表示他们对电子产品的依赖程度并不是太深。

在我看来,这完全是父母的态度问题,父母的言传身教最重要。如果父母整天玩手机,很难让孩子不碰或少碰这些电子产品。

其实你并不需要将电子产品视为洪水猛兽,只要规定孩子玩游戏的时间,让孩子适度地玩,但是不要占用太多的时间,孩子就不会沉迷玩游戏。家长的态度要坚定,但重要的还是对孩子的言传身教。

Q: 很多德国人带孩子去旅行,德国人都很有钱吗?否则怎么经常带孩子去旅行?

A: 大多数的德国人,可以自由支配的金钱并不多,但是他们却坚持每年都带孩子去旅行。

为什么?

这是观念的问题,与收入多少并没有直接的关系。

旅行的方式有很多种，可以提早计划，乘火车、自己开车甚至骑自行车旅行、露营，或者预订欧洲很流行的随订随时出发，有多少预算，就选择什么样的出行方式。每一次旅行，对孩子都是不同的收获！

> Q：很多人想把孩子送到德国去读书，孩子到国外（德国）读书好不好？

A：　　最近许多家长看到德国免学费的制度，想送孩子到德国读书。

想让孩子到国外读书，最重要的要看孩子自己的个性和他有多少克服困难的决心。在德国留学，不像英美留学体制，如果孩子的语言水平不好，多上几个月的语言学校就可以直接入学。想要进入德国学校就读，有很多的要求。

而且德国一般不接受 14 岁以下的小留学生（像音乐这种某些特定的学科是例外的），父母不是花钱就可以把孩子送到国外让孩子自己适应，这在德国是行不通的。去德国留学必须经过签证的层层关卡，并不容易。即使老师用英文上课，孩子也会被要求有一定的德文基础（必须至少 200～400 小时，德语程度 A1～A2 之间，证明你有生活的能力）。此外，文化震撼也是必须考量的条件之一，不要以为"免学费"的书很好读。德国学校的要求是严谨且严格的,所以在让孩子出发到德国留学前,最好多方面了解。

> 以下问题来自一位大陆读者的来信——这位读者,是大陆一位教育学专业的应届毕业生,因为专门研究德国教育,因此提出了很多中国教育现况与德国教育的疑问与比较,其中有很多内容家长可以参考。

Q: 德国的小学班主任是否每年都要换?

A: 德国的小学是四年制,所以如果没有特别的情况(老师生病、生育),一般一个班主任是从孩子一年级带到四年级毕业的。在德国,五年级开始即为中学,分别被分流到文法高中、实科中学和主干学校,而进入中学是要以学习成绩和会考(只考德文和数学)各一半来计算的。所以一个班级导师带学生4年,他所给的成绩是以长期的观察和评估而得出,如此才能做到客观公正。此外,孩子在成长时期,学习方式和习惯的养成,也需要老师长时间来了解,对孩子的成长和学习比较好。

Q: 每位老师只教学生一门课？

A: 一般来说是如此，但是有些老师的专业有两门甚至3门，那么这位老师就可以同时教这些课，但这些老师都必须获得每个科目的教师资格证，才可以在小学里正式教学。以小K的班主任来说，他教德文、数学和生活常识课程（包含自然、社会、生活等）。

Q: 对于成绩前三名的孩子免除期末考试有什么看法？

A: 我认为中国人总离不开"成绩"与"分数"的思维枷锁。在德国，哪有成绩好就可以拥有"免试的特权"？

德国老师会告诉你："你的成绩好，说明你很努力，那么继续证明给我看！"（期末考试还是要参加的）

德国人认为，考试成绩不是全部，他们还重视培养孩子的人格、让孩子养成良好生活习惯。成绩好不是一切，国家未来的栋梁不能只是成绩好，但品行和生活能力差。

Q: 在中国，数学是考试中最重要的科目，直接影响着考试的成败，所以我希望能深入研究德国的数学教学，希望能给中国的孩子一些参考或者建议。我查阅过一些资料，据说德国人一开始不会讲演算法规则，而是让孩子自己去探索，是这样吗？是用这样的方式来锻炼孩子的逻辑思维能力吗？

据说，数学考试会有很多论述的问题。这样培养出来的孩子最大的优势是什么？和一些应试教育体制下培养出来的孩子相比，德国的孩子会因为不了解一些公式而学习困难吗？

A: 你提的问题真不错。其实，德国小学数学教学的实际状况，我并不十分了解，因为小K上课的时候我并不在场，而且家长在学校看着老师上课很奇怪，他们的学校很小，除非和老师约时间，否则学校大门几乎是上锁的，家长无法从外面进入。据我所知，他们用很简单的方式让孩子了解数学。

Q: 孩子们学德文课一开始只训练听、说吗？等他们熟悉后才学阅读和写作？

A: 通常，德国小学不像我们学外语，需要特别训练听和说的能力，因为德文是他们本来就会说的母语。德国小学是从字母和发音方式开始学习的，和我们学中文是一样的，但是不同之处是，中文是图像文字，德文是拼音文字，所以学好德文发音之后，只要听了就可以拼出单词来，不需要特别背单词。

在小学时期，并不特别注重文法，老师只做基本的纠正，只要求把单词写在对的位置就行，所以练写是很重要的，孩子每天都要练写。学德文很重要的是重音和断句（有些德文单词很长，老师会教导孩子如何断句），老师还会反复让孩子练习，为学习德文打牢基础。

最重要的阅读，则是无时不在的。老师会在课堂上教孩子们读，也鼓励他们阅读课外书籍，大约二年级开始让他们练习写作。

当时，孩子使用电子产品并不十分普遍（虽然现在有所增加，但也不是非常普遍，家长不会为了省事、让孩子不要吵闹而给孩子一部手机或一台平板电脑）。因此，老师和家长都是培养孩子运动和阅读来打发闲暇时间。此外，孩子无聊时就玩拼词练习和数字练习游戏，所以他们的语言能力是在生活中一点一滴地慢慢玩拼词练习和数学练习的游戏积累起来的。

Q：德国小学每天从七点半到中午放学，这些时间里具体的安排是怎样的？在你的书里，我发现了一张对我很有帮助的孩子课外活动表，但我也希望能了解课程表之类的安排，他们每天会上几节课？每节课

> 上多久？德文课、数学课和其他课的比重是怎样的？每周都是如此吗？是否一至四年级都是这样的课程安排？

A：　　至于上课时间的安排，一、二年级大约上5节课，一直上到12点5分，每节课是45分钟。（三、四年级有时候会上6节课，上到1点才吃午餐）中间有两段比较长的休息时间，分别是15分钟和20分钟。15分钟的休息是从9点5分到9点20分，因为德国孩子第一节课上得早，这一般是他们的点心时间；另一个20分钟的休息是给孩子的活动时间。

　　数学和德文是最主要的科目，每天都有，一周上五六节课。另外，还有体育课、宗教/伦理课、音乐、劳作工艺课、生活常识课程，三年级开始，每周会有两节英文课。

　　课程当中还穿插各种交通安全课、学校的主题周等以配合每年的各种主题，有不同的活动，我无法在此说得很清楚，因为每个年级的活动各有不同。而且每个区域的小学，还会加入一些当地的习惯或节庆的教学，其复杂程度就连德国朋友都跟我说，即使是他们，也无法全盘了解每个联邦州的不同。

Q： 在小K回台湾后,你觉得他和其他一直接受台湾教育的孩子相比,最明显的优点是什么呢?

A： 至于小K和一直接受台湾教育的孩子相比有什么优点,我认为是他多了自主思考的能力,知道读书是为自己、对自己负责。我从不管他的学习,只管他学习和做作业的态度,当然小K的学习成绩还不错。

但是相比之下,我认为的小K的优点和本土的孩子格格不入。也就是说,小K在国外有独立思考的优点,但回到台湾就变成了缺点,因为台湾的老师大多不喜欢发表意见太多的小孩,这样的孩子比较难控制。台湾的老师对于学生在很多细节上的小事管得太多,当孩子之间发生冲突,一定要分出谁对谁错,否则明天家长来询问,这是比较麻烦的事。

Q： 德国小学只有4年,因为小K在德国上小学,也许你对这样的安排有更深刻、更直接的体会,你更倾向于小学的学制是多久呢?

A： 你问到小学读几年合适的问题,其实对于小学的学制,我不认为有最合适的时间,因地制宜始终是最正确的。即使德国的教育制度好,全都照抄放在亚洲,也不见得是好的。每个国家有不同的文化背景,对于教育的认知和要求也有不同的概念。德国小孩较早成熟独立，小学 4 年应该是德国人研究出来的合适时间。中国父母有时为孩子做得太多，反而阻碍了孩子成长，这个观念倒是值得我们反思，我认为与学制并无直接关系。

Q： 德国孩子比中国孩子有更多的自由发展的机会，但作为一个在中国长大，思想比较传统的人，我总是忍不住思考：毕竟孩子还很小，自主能力并不强，给他们很多自由是否会带来一些负面的影响？比如孩子过早吸烟、酗酒等，可能在小学生中比较罕见，但从小给孩子过多的自由，是否会在中学里产生不良习惯，就不好判断了。如果已经产生了，学校和家长又该如何管教一个已经习惯自由的孩子呢？

A： 　　其实，若不是我在德国实际生活过，很难理解他们"给孩子自由"的观念。德国人和美国人的完全开放式的自由是不同的。在德国，给孩子自由的发展，是基于尊重。给孩子一个规矩的框架，在这框架里，孩子才可以自由自在，不是孩子想做什么都可以。

　　德国人训练孩子们自立、自律，也就是说，你不犯规，你就拥有自由；你打破了规矩，就必须接受惩罚，受到更多的教育。

　　例如，德国孩子每天晚上 7 点必须上床睡觉，如果孩子犯规了，可能就会减少他玩玩具的时间；孩子在学校下课时打人了，他就不能和大家一起玩了，只能在旁边看。要针对孩子在意的地方去引导，才会有教育的效果，这样他就知道不能犯规了。

中国父母或许管得比较全面——功课不好要管、见到长辈不打招呼要管、和同学起冲突了也要管，什么时候刷牙也管，而且管教的方式通常是"强迫"的，所以孩子自然会产生"我为什么一定要现在做这些事"的抵触心理。

德国人培养孩子的自主自律能力，不是靠父母控制孩子的行为，而是让他意识到他做的错事是不可以再犯的，而且父母会用温和而坚定的语气告诉孩子，他做的事是错的，不给孩子挑战大人的机会。（实际上，就是坚定地告诉孩子："事情就是如此，你这样做才对哦。"否则等到孩子长大后，就更难控制了。）

你说的孩子过早吸烟、酗酒，德国的孩子自然也不在少数，其他国家何尝不是如此呢？其差别就在于，德国小孩到了法定年纪，可以光明正大地吸烟、喝酒。（在德国满 16 岁就可以喝啤酒、葡萄酒，而其他国家的小孩是过早吸烟、喝酒。这是不好的吧？）

因此，社会风气与家庭的教育是必要的。如果孩子从小没有养成自律的习惯，等长大后父母再管教的时候，孩子就会自然变好吗？自由开放的教育方式需要父母与老师们长期的陪伴与教导，不是只有"管教"，还要有正确的方法和温和的态度。

当孩子知道你不是在"管教"他,而是为他好,他就会有所感悟,思想与行为自然不会出现偏差。首先,父母的教育观念要正确,然后在教育过程中要保持耐心。我们"不打不成才"的观念,并不一定适用于现代的孩子。

Q: 我想知道,比如德国的学校更注重孩子的品格,但品格较为抽象,如何判断是否符合孩子的年龄要求呢?只是通过老师平时的观察吗?这会不会在考试中体现呢?比如,现在中国小学的考试,很多都是重现书本上的知识,而德国小学的考试是通过什么题目去测试孩子的逻辑思维和形象思维等能力呢?

A: 品格,是不用测验的,有时候教育的"目的性"太强,什么都要寓教于乐,什么都要看见成绩,而且最好是"马上"见效。

在德国,只要你不做错什么事,品格操行成绩,大家都是1(也就是A),除非你在校有不良的行为,操行成绩才会被扣分。德国教育培养品格的目的,是要培养孩子成为一个有毅力的人,不是老师给你品格成绩满分就可以体现。

逻辑能力的测验,在平常就可以进行。例如,从上台讲话的逻辑力、数学答题都可以体现出来,不只是用题目或考试来定向培养,而是要多方面的,连整理东西都可以训练孩子的逻辑能力。

Q: 在大陆，一般情况下，小学毕业的孩子会按地区分配到各个初中，但家长有时候对这样的分配不满意，因为很多家长希望孩子能进重点中学，那孩子就必须自己去申请希望就读的初中。（虽然这么说，但通常全是家长代办的。）不同的初中会有不同的入学条件，比如，需要至少8张三好学生证书[①]、作文证书才能入学。（我不知道台湾是否有这种证书，用于每学期末奖励最优秀的孩子，需要各科老师的证明。）
在这样高要求的体系下，想必孩子的压力非常大。

A: 台湾没有所谓三好学生的制度。

老师的专业能力、道德操守要有一定的规范时，才有办法实施，否则中国孩子还是需要考试才公平。

德国的学校里也没有三好学生的评选。德国可以成为先进国家，是普遍的人民素质水平和思想已经达到很高的程度。不是只要富裕，就可以成就一个国家的强盛。

---

① 三好学生的标准是：思想品德好、学习好、身体好。三好学生是学生追求的目标和荣誉。

Q: 在你的书里出现了德国小学生的课外活动表，是否孩子们在写完作业后，能自由进行活动呢？孩子们必须每天按表进行所有活动，还是只在表中选择一项或者几项活动呢？

A: 我们之前居住在德国东部，大多数德国西部的小学生在中午就放学回家了，这应该是以前西德的全职妈妈居多，而东德双薪家庭多，所以才有了可以让孩子下午继续待在学校的安排。

你在书中看到的课外活动，只要孩子有兴趣、上课时间不冲突、上课人数未满，都可以参加。通常在学期一开始就得选好，选好后，一上就是一个学期，如果觉得没兴趣了，下学期可以换一种活动。每学期的活动会有小幅变动，但是大致上是一样的。

吃完午餐、写完作业之后，参加这些社团活动的学生，就得按时间表去上课。没有活动的学生，通常在外面运动，踢足球、骑车、玩沙、爬单杠……随便怎么玩都可以。碰到下雨天或不想运动的孩子，可以在教室里玩益智游戏、看书、画图，若冬天有积雪，老师则会视天气状况让孩子到外面玩雪。

后记

勇闯天涯第一站，尝试单飞的小 K

> 原本夜里 12 点多起飞的飞机，直到凌晨 4 点多才终于起飞。第一次独自旅行的两个孩子，遇到了一次震撼教育，他们在香港，必须注意起飞时间、自己登机，必须随时留意飞行过程中的安全提示。这些问题，他们跟着我们旅行的时候，都是我们处理，现在则要两个孩子学着自己随机应变，这真是一个很好的训练，也是上天历练他们的机会。

梦想起飞，报名参加德国的青少年夏令营

从小一直都被我们带着四处移居的小 K，第一次尝试单飞就是和另一位同学一起飞到德国参加语言和足球的夏令营。

大约在夏令营开始的半年前，我们就做小 K 暑假前往德国，继续学习德文的计划。

这是个很不错的语言夏令营，为期3周，课程的安排并不紧凑，每天早上有语言课程，下午则是踢足球，或者其他的课外活动。这是我极为喜欢、小K也极为习惯的上课方式，相较于把孩子的时间安排得过于充实的教育方式，我更喜欢德式教育，留给孩子更多自主学习的时间，这样孩子能够感受异地生活，以及与不同国家孩子往来的学习方式。

在德国的青少年夏令营中，营队给孩子设定的规定看似严格，其实孩子拥有很多自由。除了团体活动和上课时间外，孩子可以与朋友随时互动与相处，建立彼此的友谊和讨论共同话题。使用网络有严格的规定，仅在特定的公共区域和教室里才可以使用，在双人间的学生宿舍中是没有网络的，这大大降低孩子依赖网络的时间，让孩子用更多的时间来体验生活、学习以及与他人互动。

我们当初选择这样的夏令营，是希望小K可以利用漫长的暑假学习德文，又不至于把暑假过得跟平常上学一样，既能增进语言能力，又能认识一些来自世界各地的同学，我认为这是一件很棒的事（多希望我们和小K一样的年纪时，也有这样的经历）。于是，当我们在网上获得这样的信息，正好小K的同学也想一起前往，事不宜迟，于是我们便开始计划。

从订机票开始，我便和小K讨论。

原本Eugene的爸妈建议，让他们直飞到目的地莱比锡，然后付费请学校派人来接机。可是这两个小孩决定，自己从法兰克福进入德国，再自行搭车到学校，挑战自己的应变能力。每年暑假，小K跟着我们回德国，无论是夏令营、访友或者旅行，都从法兰克福的机场进出，所以这样的路线对他来说并不困难，因此我为他们制订了一条熟悉的路线，这样让他们自己出发，不至于太缺乏安全感。

因天气航班延误，是意外的教育机会

凡事总是计划赶不上变化。

出发的那一天，两个小孩预计坐晚上 8 点的飞机，从中正机场出发，到香港转机，再飞到法兰克福。

我认为香港机场和法兰克福机场，小 K 很熟悉，没有问题。到了机场，航空公司的工作人员告诉我们："香港天气不好，你们要不要提早一班到香港？这样一定不会错过飞往法兰克福的飞机。现在早一班还有座位。"

好吧，换了航班，提早一个小时到香港。但香港仍是雷雨不断，晚间的长程飞机只能延迟、再延迟。

当我得知他们在香港的飞机延误，感到有些紧张，与他们用短信联系："你们不要搭错飞机就好了，已经买的德国火车票，如果错过时间，就重新买票，安全第一。"毕竟第一次自己出门，所有的事都得学会自己处理。

"OK，我知道。"小 K 回答。

原本夜里 12 点多起飞的飞机，直到凌晨 4 点多才终于起飞。第一次独自旅行的两个孩子，遇到了一次震撼教育，他们在香港，必须注意起飞时间、自己登机，必须随时留意飞行过程中的安全提示。这些问题，他们跟着我们旅行的时候，都是我们处理，现在则要两个孩子学着自己随机应变，这真是一个很好的训练，也是上天历练他们的机会。

经过了 10 多个小时的飞行，两个小孩下飞机后遇到的第一个问题，就是找到德国国铁火车站，重新买票。原本在网络上预订的是早鸟票，因为飞机延迟抵达，已经错过时间，因此必须以原价重新买票。

目的地是莱比锡，远在离法兰克福 3 个小时的车程之外，于是他们两人拉着行李，顺利地买到了票，找到了正确的站台，搭上前往学校的火车。

根据事先的查询，以及学校提供的资料，学校坐落在城市外围。从香港出发之前，我告诉小 K，抵达莱比锡之后，如果时间太晚，就直接乘出租车到学校报到。结果第一次勇闯天涯的两个大男孩，拖着大行李，买了车票，搭上电车，边走边问路，找到了学校。他们没有使用我的"乘出租车"备用方案。

而找学校的过程，让他们事后觉得很有成就感！因为下了电车之后还得步行约 15 分钟才到学校，因此他们一边问路一边找路，虽然多花了些时间，但最终还是找到了。

这些过程或许对大人来说并不难，但对于第一次独自离家，就遇上飞机延误的孩子们来说是很大的震撼教育。其实我真的很担心他们在香港错过飞机。事实证明，我想多了。他们不但没出问题，而且可以处理得很好。

学会放手，让孩子试着起飞

父母要学会放手，不是一朝一夕的事情。

很多父母以为，只要等到孩子长大了，自然就可以放手了，其实放手的过程是在生活中一点一滴积累的，而不是一蹴而就的。

当然，那时我们也可以请学校派人到机场接机，家长只需付钱，孩子就更安全。但我们尊重两个孩子的决定，他们决定从法兰克福机场坐火车自己找学校，买票、找路、问路，全程都让他们自己来。对他们来说，这是一场华丽的冒险，是证明自我能力的过程。

在这个过程中，他们必须自己去处理旅途中的突发状况，因为父母不在他们身边，所以他们还必须学会妥善地规划自己的旅行时间。

父母的羽翼无法保护孩子一辈子。我在德国的教育中，学会相信孩子，在孩子不同的年龄做不同程度的放手，并且尊重和帮助孩子做选择。

我们常说，培养孩子的国际观是未来教育中重要的环节，而让这些孩子在一个国际的环境下，和不同文化背景下长大的孩子一起学习和生活，绝对是一种难得且难忘的体验。

图书在版编目（CIP）数据

没有边界的教室 / 沈佳慧著 . —— 北京：北京日报出版社 , 2024.1

ISBN 978-7-5477-4206-8

Ⅰ . ①没… Ⅱ . ①沈… Ⅲ . ①儿童教育 – 家庭教育 Ⅳ . ① G782

中国国家版本馆 CIP 数据核字 (2023) 第 181815 号

北京版权保护中心图书合同登记号：01-2023-5603

© 2016 沈佳慧
经由乐木文化
授权出版发行中文简体字版

没有边界的教室

作　　者：	沈佳慧
责任编辑：	秦　姚
监　　制：	黄　利　万　夏
特约编辑：	胡　杨
营销支持：	曹莉丽
版权支持：	王福娇
装帧设计：	紫图装帧
出版发行：	北京日报出版社
地　　址：	北京市东城区东单三条8-16号东方广场东配楼四层
邮　　编：	100005
电　　话：	发行部：(010) 65255876
	总编室：(010) 65252135
印　　刷：	艺堂印刷（天津）有限公司
经　　销：	各地新华书店
版　　次：	2024年1月第1版
	2024年1月第1次印刷
开　　本：	880毫米×1230毫米　1/32
印　　张：	7.75
字　　数：	180千字
定　　价：	55.00元

版权所有，侵权必究，未经许可，不得转载

每个孩子都像一颗种子,这颗种子的未来有无限可能。
只要父母用心地浇灌和呵护,一定的时间之后,
种子就会发芽、开花、结果,展现出最美的姿态。